MANUEL

DU

JEUNE ORTHOGRAPHISTE.

AF473258

X 1286
H 6.1.

13067

L'Auteur enseigne, chez lui et en ville, la Grammaire française, l'Ecriture, l'Arithmétique, la Tenue des Livres à parties simples et à parties doubles.

Il demeure rue Saint-Denis, n° 24, près la place du Châtelet.

TRÉMERY, professor of the french Language, gives Lessons at home and a broad.

L'Autore insegna la Lingua francese, la Scrittura, l'Arithmetica, ed il Tenere i Libri à Bilancio.

Pour éviter toute contrefaçon, les exemplaires doivent être revêtus de la griffe de l'auteur.

ADRIEN EGRON, IMPRIMEUR
DE S. A. R. MONSEIGNEUR DUC D'ANGOULÊME,
rue des Noyers, n°. 37.

MANUEL

DU

JEUNE ORTHOGRAPHISTE,

OU

COURS

THÉORIQUE ET PRATIQUE

D'ORTHOGRAPHE,

CONTENANT

des règles neuves, ou peu connues, sur le redoublement des consonnes, sur les diverses manières de représenter les sons ressemblant de la Langue française, et généralement sur toutes les difficultés de l'Orthographe d'usage et de principes;

SUIVI

d'un Traité des Participes, et d'un Recueil des principaux Homonymes de la Langue française.

PAR F. TRÉMERY,

Membre de la Société Grammaticale, et Professeur de Grammaire française.

BIBLIOTHÈQUE ROYALE

A PARIS,

CAILLOT, LIBRAIRE,

rue Saint-André-des-Arcs, n° 57.

1817.

PRÉFACE.

Les difficultés que font éprouver le redoublement des consonnes, et les diverses manières d'écrire les sons ressemblans de la langue française, m'ont porté à faire des recherches sur cette partie de l'orthographe. Ces recherches m'ont été d'autant plus pénibles qu'elles ont été souvent infructueuses, notre orthographe capricieuse étant tantôt asservie aux lois de l'étymologie, tantôt à celles de l'analogie, souvent enfin à celles d'un usage dont l'origine se perd dans la nuit des temps.

Pour parvenir plus promptement à mon but, je compulsai les ouvrages des grammairiens qui nous ont précédés; je n'y trouvai que des règles générales, surchargées d'exceptions nombreuses, dont la liste même était souvent incomplète.

Je vis, dans le *Manuel des Amateurs de la langue française,* les citations de quelques auteurs * qui avaient travaillé sur le

* Claude Irson, année 1656; Mauconduit, année

même sujet, et je me reportai à leurs ouvrages : encore de nombreuses exceptions, des règles données d'une manière trop générale, et quelquefois même des règles fausses. Néanmoins, essayant de mettre à profit et les recherches et les erreurs de ces grammairiens, je rejetai les remarques vicieuses ou peu précises, et réduisis, le plus qu'il me fut possible, le nombre des exceptions; j'ajoutai mes propres remarques à ce travail; et ce recueil, copié avec empressement par tous mes élèves, ne contribua pas peu à leur avancement. Cependant mon but ne fut pas tout-à-fait rempli : quelques personnes, soit défaut de mémoire, soit que des occupations importantes leur fissent perdre de vue les principes antérieurement donnés, ne profitaient pas du fruit de mon travail, autant que je le désirais. Pour rappeler fréquemment mes remarques, je réunis des extraits de plusieurs bons auteurs, et je fis à dessein, dans les différens morceaux que je leur empruntai, des fautes contre les règles, pour me ménager l'occasion d'y reporter plus souvent mes élèves; en un mot, je fis une cacographie.

A ce mot de cacographie, je vois nombre

1669; Jacquier, 1736 Cournault, 1778; Domergue, 1810.

de personnes instruites s'élever contre moi. Qu'elles se rassurent : comme elles, je suis loin d'adopter cette méthode vicieuse d'enseignement; les ouvrages que l'on a faits dans ce genre, jusqu'à ce jour, ont manqué le but que s'était proposé leur auteur. En effet, pourquoi tendre des piéges aux personnes incertaines, si vous n'avez à leur indiquer un moyen pour les empêcher d'y tomber? Pourquoi, par exemple, leur écrire *abondance, constance, pétulance,* etc., par un *e,* si on ne peut leur donner le moyen d'éviter cette faute? On la leur corrigera, dira-t-on : eh bien, ils laisseront, sans les corriger, *prudence, apparence, défense, démence,* qu'on aura écrits à dessein par un *a.* Ira-t-on citer l'étymologie latine ou grecque à des dames, à des demoiselles, ou même à certains hommes qui n'ont aucune connaissance de ces langues? Si vous ne pouvez leur donner de règles certaines, au moins n'habituez pas leurs yeux à une orthographe vicieuse. Que fait souvent même la personne instruite, si elle hésite sur un mot? Elle l'écrit de deux façons, et l'habitude de le lire d'après une bonne orthographe, lui fait rejeter la vicieuse. Si c'est une ressource, au moins ne l'ôtez pas à l'orthographiste incertain. Le peintre interdit tout modèle défectueux à ses élèves; comme lui, rejetons ce qui peut être nuisible aux nôtres. Mais, s'il est vicieux d'abandonner l'écolier au hasard, il est au contraire avantageux de lui fournir de fréquentes occasions de réparer par la pratique l'oubli des règles qu'on lui a données : il rencontrera donc souvent ces occasions dans mes extraits.

Pour habituer les jeunes gens à recourir à l'analogie, qui leur est si utile, j'en ai souvent violé les lois : je n'ai fait de fautes contre les participes, que dans les chapitres consacrés à cette partie du discours. Si on en rencontre dans les premiers exemples, c'est lorsque le participe est seul, ou accompagné du verbe *être;* car alors, il doit être considéré comme un simple adjectif qui s'accorde toujours avec le substantif auquel il se rapporte. D'ailleurs, en exerçant dès le commencement l'élève à la conjugaison, on a dû lui faire cette remarque pour les verbes passifs.

Dans ma collection de participes, j'ai rendu moins nombreuses les fautes étrangères à cette partie du discours, les élèves devant être familiarisés avec les autres règles, quand ils passent à cet article. Je n'en aurais même pas fait d'autres, si l'expérience ne m'eût démontré que quelques personnes ont besoin d'être rappelées de temps en temps aux règles antérieures.

Rien n'embarrasse et ne décourage plus que les exceptions. J'ai cru devoir omettre dans mes remarques les mots qui, faisant exception, sont particuliers à certaines sciences ou à certains arts; ceux qui ne sont employés que dans les locutions triviales; les mots surannés; enfin, ceux dont les quatre-vingt-dix-neuf centièmes des lecteurs ne se serviront peut-être jamais.

D'après la même considération, je n'ai pas cru devoir donner des remarques qui soient sujettes à des exceptions trop nombreuses. Je ne sais, par exemple, à qui peut servir cette règle d'un grammairien justement célèbre, sur les mots terminés en *sion*: « Les substantifs en *sion* modèlent leurs finales sur *abdication, modération, conjonction*, etc.; » Puis il cite cinquante-deux exceptions, et termine par ces mots : « Et sans doute quelques autres. » Ces sortes de remarques ne me paraissant d'aucune utilité, j'ai dû les passer sous silence.

Pour éviter aux personnes auxquelles la simple lecture des remarques peut suffire, la peine de les chercher au milieu d'une orthographe peu agréable à l'œil, et pour renfermer les règles dans le plus petit espace possible, j'ai divisé cet ouvrage en deux parties, dont la première peut être regardée comme la théorie, et la seconde comme la pratique. Dans cette dernière, voulant mener l'élève graduellement, je n'ai fait de fautes dans le premier thême que contre la première régle; dans le second, que contre la première et la seconde, ainsi de suite. Par ce moyen, l'élève se trouvera conduit par degré jusqu'au recueil d'extraits, où j'ai dû faire indifféremment toutes les fautes, puisque toutes les règles ont dû être mises en pratique auparavant.

Je me plais à croire que cet ouvrage sera utile; il contribuera sans doute à rendre les progrés des élèves et plus sûrs et plus rapides; mais qu'on ne le confonde pas avec ces grammaires dont le titre pompeux promet de pouvoir se dispenser d'un maître. D'abord ce livre n'est pas une grammaire : il ne peut en tenir lieu en aucune façon; secondement, je pense que l'orthographiste incertain a besoin d'être dirigé par un guide éclairé. Un livre parle à tout lecteur, d'une manière uniforme ; et cependant chaque élève a ses défauts qui lui sont particuliers, et qu'il faut savoir attaquer de préférence. Un professeur intelligent peut seul appliquer les principes, en modifiant diversement ses leçons. Tel a un avantage que le maître fera valoir, qui, sans lui, deviendrait tout-à-fait nul. Si, par exemple, l'élève a quelques notions de la langue latine, le maître en saura tirer parti. J'ai plusieurs fois mis à profit la connaissance que quelques officiers français avaient acquise dans la langue italienne ou espagnole. Le son *an*, par exemple, un des plus difficiles à peindre, leur devenait, d'après la simple prononciation, dans la langue étrangère, très-facile à ortographier.

J'ai suivi, dans cet ouvrage, l'orthographe dite de Voltaire. En vain quelques érudits réclament la peinture ancienne d'une prononciation qui n'existe plus; la plus grande partie des meilleurs grammairiens et des littérateurs l'ont tout-à-fait abandonnée. Quelques uns des partisans de l'ancienne orthographe avouent que la bonne société peut bien modifier la prononciation, mais ils prétendent qu'elle ne peut changer les signes graphiques qui la représentent, et tous s'appuient de l'autorité de Racine, Boileau, Fénélon, etc. S'il est vrai que la société ne puisse pas changer la peinture des sons, pour quoi n'écrit-on plus *debtes, nopces, advocat*, etc.? Quant à l'autorité des auteurs qu'ils citent, j'objecterai que ces hommes célèbres vivaient dans des temps peu éloignés de l'ancienne prononciation; d'ailleurs, ils se sont plus attachés à la pureté du style, qu'à la réforme de l'orthographe; et l'on peut penser quel jugement aurait porté le bienfaisant auteur de *Télémaque*, s'il eût prévu que son autorité eût pu contribuer à éviter des larmes à l'enfance, et abréger des peines aux étrangers.

MANUEL

DU

JEUNE ORTHOGRAPHISTE.

ORTHOGRAPHE.

Il semblerait assez naturel de traiter ici de l'orthographe en général; ensuite de celle des substantifs, des adjectifs, et des verbes en particulier. Mais je ne crois pas devoir rappeler des règles qui ne seraient que la répétition d'une grammaire, dont cet ouvrage ne peut tenir lieu.

Toutes, à la vérité, ne parlent pas de l'orthographe des verbes; mais, ou les élèves savent conjuguer, et ce que je dirais deviendrait inutile, ou ils ne le savent pas; et, comme il est nécessaire qu'ils l'apprennent, l'exercice de la conjugaison leur en apprendra plus que ne le pourrait faire la lecture de plusieurs pages, qui ne les dispenserait pas pour cela de se livrer à cet exercice nécessaire.

DES MOTS.

1. On distingue quatre sortes de mots : les simples et les composés, les primitifs et les dérivés.

Les mots simples sont ceux qui, sans le secours d'aucun autre mot, expriment un objet. *Exemples : Homme, ciel, pont, jour, vent*, etc.

Les composés sont ceux qui n'expriment leur objet qu'avec le secours d'un ou plusieurs mots. *Exemples : Abat-jour, chef-d'œuvre, arc-en-ciel, œil-de-bœuf.*

Le mot primitif est celui qui sert à en former d'autres. *Exemples : Faible, froid, grand, abandon.*

Les mots dérivés sont ceux qui sont formés des primitifs; tels sont *faiblesse* de faible, *froidure* de froid, *grandeur* de grand, *abandonner* de abandon, etc.

DES SONS.

2. Tout son nasal, tels sont *an*, *in*, *on*, *un*, etc., se peint, dans les syllabes initiales et médiales, par un *n*; mais cette consonne se change en *m* devant un *b*, un *p*, ou un *m*.

Exemples :

Anciennement, indispensablement, enchantement, pincer, grincer, conter, monter, poin-

çon, *humblement*, *promptement*, *ambassade* *emmener*, *emmailloter*, etc.

Quant aux syllabes finales, les dérivés feron souvent reconnaître la consonne des primitifs. Exemples : *Nommer*, *nom*; *parfumer*, *parfum*; *destinée*, *destin*; *sultane*, *sultan*, etc.

Le son an.

5. Lorsqu'un mot est composé d'un substantif, ou d'un verbe précédé des prépositions *en* ou *entre*, ce son s'écrit nécessairement par un *e*.

Exemples :

Barque, *embarquer*; *balle*, *emballer*; *porter*, *emporter*; *tas*, *entasser*; *dormir*, *endormir*; *manche*, *emmancher*; *chaîne*, *enchaîner*; *lacs*, *entrelacer*; *entrecouper*, *entreprendre*, etc.

Le son *an* s'écrit par *e* dans tous les verbes de la quatrième conjugaison.

Exemples :

Entendre, *prétendre*, *suspendre*, *comprendre*, *descendre*, excepté *répandre*.

Ce même son se peint également par un *e* dans les syllabes finales des adverbes de manière, et dans celles des substantifs qui sont analogues aux verbes.

EXEMPLES :

Sagement, prudemment, bonnement, divertissement, commencement, frottement, rugissement.

Le son *an* se rend par un *a*, 1° dans les syllabes finales des participes présens *dansant, jouant, buvant.*

2° Lorsque ce son est accompagné de *ch. Ex. : Branche, tranche, chanson, méchant*, excepté *pencher.*

Les dérivés faciliteront beaucoup la peinture de ce son dans les syllabes finales des primitifs; ainsi *romanesque, ottomane, musulmane*, indiqueront suffisamment que le son *an* doit être rendu par un *a* dans *roman, ottoman, musulman*, etc.

Dans les mots suivans, le son *an* se rend par *aon : faon, Laon, paon.*

Le son in.

4. Excepté le mot *ainsi*, tous les autres rendent ce son initial par *in* (10).

Lorsqu'un mot a dans ses analogues, un *a* suivi de *m, n, g*, le son *in* doit être représenté par *aim* ou *ain.*

EXEMPLES :

Famine, *faim*; *gagner*, *gain*; *manuel*, *main*; *panetier*, *pain*; *santé*, *sain*.

In se rend encore par *ain* dans *contraindre*, *craindre*, *plaindre*, *vaincre*.

Excepté les quatre verbes ci-dessus, tous les verbes en *indre* prennent *ein*. Ex. : *Teindre*, *peindre*, *éteindre*, *restreindre*, *geindre*, etc.

Quand un mot a dans ses analogues, un *e* suivi de *m*, *n*, ou un *i* suivi de *gn*, ou *ng*, peignez le son *in* par *ein*.

EXEMPLES :

Sérénité, *serein*; *signature*, *seing*; *rénale*, *reins*; *effréné*, *frein*.

Dans les syllabes finales, le son *in* s'écrit par *en* quand il est précédé d'un *e*, d'un *i*, ou d'un *y*.

EXEMPLES :

Lycéen, *Européen*, *bien*, *magicien*, *Egyptien*, *méridien*, *collégien*, *moyen*, *citoyen*, *soutien*, *maintien*.

Il sera facile de bien écrire ce son final, si l'on fait attention aux composés des mots qui se terminent en *in*. Ex. : *Badine*, *badin*; *orpheline*, *orphelin*; *finale*, *fin*; *souveraine*, *souverain*.

DES VOYELLES.

Le son A.

5. 1° Tous les noms de dignité ou de profession qui se terminent par le son *a*, prennent un *t* final. EXEMPLES : *Avocat, cardinalat, marquisat, épiscopat, forçat, magistrat, notariat, sénat, tribunat.*

2° La troisième personne du passé défini de la première conjugaison, et la troisième du futur de tous les verbes se terminent par un *a*.

EXEMPLES :

Il chanta, il mangea, il aima, il finira, elle recevra, elle coudra.

3° Le son *a*, dans les adverbes, se peint d'après l'orthographe de l'adjectif dont ils sont formés. D'après ce principe, *diligemment, patiemment, récemment*, etc., prennent un *e*, parce que leur adjectif *diligent, patient, récent*, etc., rendent le son *an* par *en*. *Abondamment, plaisamment, constamment*, le rendent par un *a*, parce que cette voyelle est employée dans l'adjectif pour peindre ce son. (*Voyez* la réduplication des consonnes, lettre *M*.)

Le son E.

6. Les substantifs intellectuels féminins, terminés

en *té*, ne prennent qu'un *e* final, à moins qu'ils ne soient dérivés des verbes. *Ex.* : *Aménité*, *bonté*, *chasteté*, *curiosité*, *difficulté*, *moralité*, *pureté*, *simplicité*.

Les substantifs matériels prennent deux *e*. *Ex.* : *Assiettée*, *potée*, *charretée*, *pâtée*, la *jattée*.

Le double son *ié* se rend par *iè* dans les substantifs féminins terminés en *re*. EXEMPLES : *Lumière*, *prière*, *volière*, *souricière*.

Ce même son se rend par *ai* dans les substantifs masculins terminés en *re*. EXEMPLES : *Bréviaire*, *plagiaire*, *vestiaire*, excepté *lierre*, *cimetière*.

Les noms masculins de profession, d'arbre, les infinitifs des verbes et les adjectifs qui se terminent par le son *ié* ajoutent un *r* à la fin. EXEMPLES : *Marronier*, *cotonnier*, *citronnier*, *cerisier*, *mûrier*, *jardinier*, *chaudronnier*, *journalier*, *familier*, *entier*, excepté les adjectifs verbaux employés comme substantifs. *Ex.* : *Estropié*, *employé*, *envoyé*.

Les substantifs *amitié*, *moitié*, *pitié*, sont les seuls qui se terminent ainsi.

Pied prend un *d* final. Ce même son se rend par *er* si l'*r* se fait entendre dans les dérivés. EXEMPLES : *Berger*, *bergère* ; *boucher*, *bouchère* ; *conseiller*, *conseillère*.

I.

7. Excepté la *nuit*, la *merci* et quelques noms d'animaux, tous les substantifs féminins qui se terminent par le son *i* prennent un *e* final. *Ex. : Broderie, draperie, coquetterie, loterie*, etc.

O.

8. Les noms étrangers que l'usage a rendus français, sont les seuls qui se terminent par un *o*. *Exemples : numéro, zéro, quarto, écho, solo.*

Ce même son final s'écrit par *ot*, *au*, *eau*. Remarquez que lorsqu'il se termine par *eau*, il n'ajoute jamais ni *t* ni *d* à la fin.

Exemples : Pot, sot, crapaud, joyau, défaut, sceau, jumeau, boisseau, flambeau.

Pour lever les difficultés, consultez les remarques suivantes : 1° Le son *o* se peint par *au*, lorsque dans les mots analogues on reconnaît la lettre *a*. *Exemples : Balsamique* de *baume*, *calciner* de *chaux*, *malédiction* de *maudire*.

2° Le son *o* s'écrit par *eau*, lorsqu'il y a un *e* suivi d'un *l* dans les mots analogues. *Exemples : Jouvencelle, jouvenceau ; jumelle, jumeau ; cervelle, cerveau ; tourterelle, tourtereau ; coutelier, couteau*, etc.

Pour l'orthographe des pluriels en *aux*, consultez celle de leur singulier. *Exemples* : *Mal*, *maux*; *cheval*, *chevaux*; *métal*, *métaux*; *travail*, *travaux*; *soupirail*, *soupiraux*; etc.

U.

9. Cette finale se peint de trois manières, par *u*, ou *us*, ou *ut*. Les remarques suivantes aideront à déterminer le choix. 1° Dans tous les adjectifs ou participes passés, dont la finale, au féminin, n'exige pas la prononciation *se* ou *te*, ce son se rend par un *u* simple.

Exemples : *Pointu*, *dodu*, *barbu*, *vaincu*, *velu*, *reçu*, *aperçu*, etc.

2° La prononciation des finales en *u* fera bientôt connaître l'orthographe, surtout si on les fait suivre par un mot commençant par une voyelle. *Exemples* : *Blocus*, *rébus*, *plus*. L'analogie fera facilement découvrir l'orthographe de cette finale dans un grand nombre de mots. *Exemples* : *abus er*, *refus er*, *tribut aire*, *rebut-er*, *inclus-e*, *perclus-e*, *infus-e*.

Excepté *bru*, *glu*, *vertu*, les substantifs féminins prennent un *e*.

ORTHOGRAPHE DES CONSONNES.

C.

10. Devant *a*, *o*, *u*, le *c* a le son du *k*. *Exemples* : *Coco*, *cocarde*, *cacao*.

Pour l'adoucir, et lui faire prendre le son de l'*s*, on met au-dessous une cédille (,). *Exemples* : *Hameçon*, *façon*, *maçon*.

D.

11. Le *d* final, peignant quelquefois la prononciation du *t* devant une voyelle ou un *h* muet, pour vous fixer sur le choix de la consonne, ayez recours aux mots composés, et à l'analogie. Ainsi, quoique *grand* et *galant* aient la même prononciation devant le mot *homme*, le choix ne sera plus douteux si l'on met ces adjectifs au féminin; de même, quoique l'on prononce *profon-t'abîme*, *froi-t'aux pieds*, les substantifs *profondeur*, *froideur*, indiquent que le son du *t* doit être peint par un *d*.

F.

12. Excepté *griffe*, *pontife*, les mots terminés en *if* (il y en a près de quatre cents) n'ajoutent pas d'*e* final. *Exemples* : *Adoptif*, *auditif*, *craintif*, *interrogatif*, *motif*, *décisif*, etc.

Pour former les adjectifs féminins, changez *f* en *ve*. *Actif, active : pensif, pensive.*

G.

13. Pour adoucir la prononciation du *g* devant *a*, *o*, *u*, on met un *e* entre le *g* et la voyelle qui le suit.

Exemples : Vengeance, plongeon, rangeu, etc.

G et F.

14. L'abbé *Cournault*, après avoir fait remarquer que la prononciation suffit pour décider sur le choix d'une de ces deux lettres, lorsqu'elles se trouvent entre *a*, *o*, *u*, et après avoir fait observer qu'il n'y a pas de syllabes en *si* dans la langue française, donne les règles suivantes pour lever les difficultés que ces consonnes offrent devant l'*e*.

15. Le *g* ne s'emploie devant un *e* muet que dans deux circonstances :

1° Lorsque cet *e* muet finit le mot. *Exemples : Forge, ronge, songe, tige, voltige, éponge*, etc.

2° Lorsque dans le mot, cet *e* est suivi de *l*, *m*, *n*. *Ex. : Gelée, genoux, gémissement*, etc.

L. M. N. P.

Voy. la réduplication des consonnes, (page 30 et suiv.)

Q.

16. Cette lettre doit toujours être suivie d'un *u*, à moins qu'elle ne soit consonne finale. EXEMPLES : *Coquelicot*, *coquet*, *acquitter*.

R.

Voy. la réduplication des consonnes, (pag 33).

S.

Voyez la réduplication des consonnes et les finales en *sion*.

17. 1°. Le son de l'*s* initial se rend par deux *s* dans les mots dérivés dont les primitifs se terminent par un *s*. EXEMPLES : *bas*, *basse*; *compas*, *compasser*; *amas*, *amasser*; *dos*, *endosser*; etc.

18. Ce même son se rend par un *c* dans les substantifs en *ance*, dérivés des adjectifs qui se terminent par un *t*, et généralement dans les finales des mots lorsqu'il existe un *c*, un *t* ou un *x* dans leur analogue. EXEMPLES : *Indulgent*, *indulgence*; *clément*, *clémence*; *abondant*, *abondance*; *courroux*, *courroucé*; *gratifier*, *grâce*; *sententieux*, *sentence*; *lacs*, *lacer*; *précipiter*, *précipice*; *mont*, *monceau*; *sortilége*, *sorcier*.

T.

19. Cette lettre, suivie de l'*i*, s'emploie quelquefois pour peindre le son de l'*s*. *Ex.* : *Ambition*, *action*; mais elle conserve le son du *t* dans les noms où elle est précédée d'un *x* ou d'un *s*. *Exemples* : *Digestion*, *mixtion*, *question*.

Elle le conserve encore dans la première personne du pluriel des verbes; mais elle reprend le son de l'*s* dans les substantifs qui ont la même orthographe.

Nous attentions	Les attentions
nous inventions	les inventions
nous portions	les portions
nous objections	les objections
nous intentions	les intentions
nous adoptions	les adoptions
nous affections	les affections

X.

20. Cette lettre prend le son de l'*s* dans les primitifs, et celui du *z* dans les composés. *Ex.* : *Deux*, *deuxième*; *six*, *sixième*, *sixain*; *dix*, *dixième*, *dix-huit*, *dix-neuf*. (Ne mettez jamais d'accent sur l'*e* qui précède l'*x*.)

Y.

21. Cette lettre ayant le son de deux *i*, quand

la prononciation ne fait entendre que le son d'un *i*, à la place de l'*y* grec mettez un *i* simple. Ainsi, quoique l'on écrive *joyeux*, *soyeux*, *employons*, *croyons*; écrivez *joie*, *soie*, *il emploie*, *ils croient*.

Remarquez que ce changement n'a lieu que devant l'*e* muet.

DES FINALES.

Finales en anse.

22. Il n'y a que cinq substantifs dans lesquels on peint cette finale par *anse*. *Ex.* : *Danse*, *anse*, *transe*, *panse*, *ganse*.

Finales en eur *ou* eure.

23. Excepté *heure*, *beurre* et *demeure*, les substantifs terminés par ce son ne prennent pas d'*e* final. *Ex.* : *Faveur*, *douceur*, *candeur*, *bonheur*, *frayeur*, etc.

Finales en ir *ou* ire.

24. Tous les verbes terminés par le son *ir*, dont le participe présent est terminé par *isan* ou *ivan*, sont de la quatrième conjugaison. *Ex.* : *Disant*, *dire*; *écrivant*, *écrire*; *lisant*, *lire*; *luisant*, *luire*; *suffisant*, *suffire*; *prescrivant*, *prescrire*.

25. Les verbes en *ir*, dont le participe présent

ne se termine pas par le son *isan* ou *ivan*, sont de la deuxième conjugaison. *Exemple : Finissant, finir; sentant, sentir; dormant, dormir; réfléchissant, réfléchir;* excepté *maudire, bruire, rire.*

Finales en oir *ou* oire.

26. Tous les noms féminins terminés en *oir* prennent un *e* final. *Ex. : Victoire, gloire, écritoire, balançoire, histoire.*

Les noms masculins, terminés par ce son, ajoutent quelquefois un *e* après l'*r*, et quelquefois n'en ajoutent pas. Les règles suivantes sont d'un grand secours pour déterminer l'orthographe de cette finale.

27. Pour les noms de la famille des verbes, changez la finale du participe présent en *oir*.

Exemples : Abreuvant, abreuvoir; arrosant, arrosoir; urinant, urinoir; rasant, rasoir; tirant, tiroir; grattant, grattoir; etc. Pour les noms masculins qui ne peuvent pas être formés des participes présens, ajoutez un *e* final. *Exemples : Ivoire, mémoire, interrogatoire, réfectoire, répertoire, purgatoire, directoire.*

Exceptions : *Dortoir, manoir, espoir, soir.*

Finales en our.

28. Les substantifs ainsi terminés ne prennent pas d'*e* final.

EXEMPLES : *Amour, contour, détour, vautour, velours*, etc., excepté *bravoure, bourre.*

Finales en once.

29. Ces finales s'écrivent par *ce*, excepté le mot *réponse* du verbe *répondre*. EXEMPLES : *Annonce*, *nonce*, *once*, *pance*, *raiponce* (plante).

Finales en sion.

30. Pour faciliter l'orthographe de ce son qui embarrasse si souvent les élèves, je diviserai en cinq classes, d'après l'ordre des voyelles, les différens mots qui prennent cette terminaison.

A — sion.

31. Les mots terminés en *a-sion* prennent un *t*. EXEMPLES : *Stagnation, acclamation, application*, *navigation*, *préparation*, *inondation*, etc., excepté *passion* et *compassion*.

E — sion.

32. Les mots terminés ainsi prennent deux *s*. EXEMPLES : *Cession*, *pression*, *procession*,

confession, *expression*, *session*, excepté *sujétion*, *discrétion*, dont il est bien facile de connaître l'orthographe par la prononciation du *t*, dans *sujette*, *discrète*.

I — sion.

33. Toutes ces finales prennent un *t*. Exemples : *Apparition*, *addition*, *reddition*, *sédition*, excepté *mission* et ses composés, *commission*, *admission*, *permission*, etc.

O — sion.

34. Ces mots suivent la même orthographe que ceux en *a-sion*.

Exemples : *Motion*, *notion*, *potion*, etc., sans exception.

U — sion.

35. Les substantifs ainsi terminés prennent un *t*. Exemples : *Rétribution*, *révolution*, *résolution*, *diminution*, *constitution*, *locution*, excepté *discussion*.

Quant aux mots *concussion*, *percussion*, qu'on pourrait présenter comme devant faire exception, la manière de les prononcer me paraît suffisamment déterminer leur orthographe.

Les mots dans lesquels *sion* est précédé d'un *c*, modèlent leur finale sur *déduction*. Exemples :

Dissection, *perfection*, *affliction*, *confection*, *faction*, *diction*, etc.

56. Pour savoir si la troisième personne du présent de l'indicatif des verbes en *dre*, doit se terminer par un *t* ou par un *d*, consultez les remarques suivantes :

1° Si le participe passé se termine par un *t*, la troisième personne du présent de l'indicatif prendra toujours cette consonne.

EXEMPLES : *Plaint*, *il plaint*; *joint*, *il joint*; *mort*, *il meurt*; *teint*, *il teint*; etc. etc.

2° Si le participe passé se termine par toute autre lettre qu'un *t*, la troisième personne prendra toujours un *d* final.

EXEMPLES : *Perdu*, *il perd*; *pris*, *il prend*; *mordu*, *il mord*; *cousu*, *il coud*; etc. etc.

RÉDUPLICATION DES CONSONNES.

37. Une consonne ne se double jamais après un accent.

EXEMPLES : *Pâte*, *crâne*, *conquête*, *hêtre*, *pénible*, *sévère*, *vêpres*, *apôtre*, *flûte*.

38. On ne double jamais la consonne après un *e* muet dans les mots simples.

EXEMPLES : *Refuser*, *demeurer*, *peloton*, *melon*, *dangereux*, *remercier*.

J'ai dit dans les mots simples, car *ressouvenir*, *ressembler*, *ressentir*, *dessous*, etc., sont, comme on le voit, des mots composés d'une particule et d'un autre mot.

39. Il y a dans la langue française beaucoup de mots composés de la particule latine *in*. Cette particule a deux significations bien différentes, tantôt celle de la préposition *dans* ou *en*, et tantôt celle d'une négation : dans ce dernier cas, on l'appelle privative.

Elle a la première dans *infuse*, *inné*; et la seconde, dans *infructueux*, *intolérance*, *indocile*.

On aura occasion de remarquer qu'elle est moins souvent employée dans la première signification que dans la seconde.

40. L'*n* de cette particule se change en *l*, devant une *l*; en *m*, devant un *m*; en *r*, devant un *r*. Si donc, pour donner aux mots *religieux*, *modeste*, *légitime*, une signification contraire, on les fait précéder de la particule *in*, on aura *irréligieux*, *immodeste*, *illégitime*.

Il est d'autant plus nécessaire de ne pas passer légèrement sur cette remarque, que tous les mots qui commencent par *l*, *m*, *n*, *r*, doublent nécessairement leur consonne initiale, lorsqu'on les emploie avec la privative.

On objectera peut-être que les mots *innocent*, *ingrat*, sont des mots simples, puisqu'ils ne peuvent être employés sans la préposition *in* : il sera facile de mettre sous les yeux de l'élève, *ingrat* à côté d'*ingratitude*, qui, la particule *in* retranchée, présente un mot simple, et de lui faire remarquer que *nocens* est un mot latin qui veut dire *nuisible*, *coupable*, qui, précédé de la préposition *in*, lui donne l'acception contraire.

41. Les consonnes susceptibles d'être doublées sont *b*, *c*, *d*, *f*, *g*, *l*, *m*, *n*, *p*, *r*, *s*, *t*.

B.

42. Le *b* ne se double que dans *abbé*, *rabbin*, *sabbat*, et dans les mots de leur famille.

C.

43. Tous les verbes commençant par le son *ac* ou *oc*, et nécessairement leurs composés, c'est-à-dire ceux qui prennent un *r* devant la voyelle initiale, doublent le *c*.

Exemples : *Accorder*, *accommoder*, *accueillir*, *accréditer*, *accourcir*, *raccourcir*, *raccorder*, *occasioner*, *occuper*, etc.

D.

44. Cette consonne ne se double que dans *addition* et *reddition*.

F.

45. Cette lettre, entre deux voyelles, se double dans les mots simples, si elle est placée entre la première et la seconde syllabe, à moins qu'elle ne soit précédée de la particule *pro*, après laquelle aucune consonne ne se double.

EXEMPLES : *Taffetas*, *affable*, *biffer*, *touffu*, *bouffon*, *raffoler*, *offenser*, *suffisamment*, *différent*, *difficile*, *raffinement*, *effet*, *effaroucher*, *effacer*, *office*, etc. Exception : *café*, *afin*, *trafic*, *bafouer*.

46. Lorsque dans les mots simples l'*s* se trouve entre deux voyelles après la seconde syllabe, elle ne se double jamais. EXEMPLES : *Magnificence*, *simplifier*, *signification*, *gratification*, *carafe*, etc.

Remarquez qu'une règle ne peut pas faire exception à une règle antérieure, que celle-ci prévaudra toujours sur la dernière. Ainsi, d'après la première et seconde règle de la réduplication, nous ne doublerons donc pas l'*f* dans *déférer*, *défendre*, parce qu'elle est précédée d'une lettre accentuée, et nous ne la doublerons pas non plus dans *refuser*, parce qu'elle est précédée d'un *e* muet.

(L'*e*, précédé d'une consonne et suivi d'un *f*, est toujours ou muet, ou accentué.)

G.

47. Le *g* ne se double que dans *aggraver*, *suggérer*, *agglomérer*, *agglutiner*.

L.

48. Cette lettre se double 1° dans les verbes de la première conjugaison, lorsque cette consonne terminant le radical, est précédée et suivie d'un *e* muet.

EXEMPLES : *J'appelle*, *nous appellerons*, *je renouvellerais*, *il chancellera*, etc.

49. 2° Dans les féminins des adjectifs qui se terminent en *el*.

EXEMPLES : *Artificiel-le*, *éternel-le*, *rationnel-le*, *naturel-le*, *révérentiel-le*.

50. 3° Dans les mots commençant par un *l* que l'on fait précéder de la particule latine *in*, dont la consonne se change en *l* devant un *l*.

EXEMPLES : *Il-légal*, *il-lustrer*, *il-légitime*, *il-licite*, *il-limité*.

51. La lettre *l* ne se double pas,

1° Dans les adjectifs terminés par le son *al*.

EXEMPLES : *Frugal*, *frugale*; *principal*, *principale*; *grammatical*, *grammaticale*; *provençal*, *provençale*.

52. 2° Après le son *ou*.

Ex. : Douloureux, boulanger, bouleverser, boulevart, couleur, coulisse, roulement, poulie, etc.

53. 3° Après l'*i* précédé d'une consonne.

Ex. : Diligent, dilater, prédilection, filer, pilotis, exiler. Exceptions : *Distiller, ville, mille, tranquille*, et nécessairement les mots où l'*l* est mouillé.

54. Le son de l'*l* mouillé se peint par *il* dans les finales des mots masculins.

Ex. : Ail, bercail, camail, corail, travail, appareil, soleil, réveil, cerfeuil, deuil, etc.

55. Dans les finales des noms féminins, ce son est représenté par deux *l* suivis d'un *e*.

Ex. : Broussailles, médaille, abeille, bouteille, anguille, aiguille, cheville, vétille.

M.

56. On double l'*m* dans les adverbes formés des adjectifs terminés en *ent* ou *ant*. *Ex. : Diligent, diligemment; prudent, prudemment; impudent, impudemment; abondant, abondamment; constant, constamment* (14).

57. L'*m* se double dans tous les verbes dont la première syllabe est *com*, et dans les mots de leur famille. *Ex. : Commencer, commencement; commuer, communication, commander*, etc.

Et dans les mots commençant par *som* ou *pom*. *Ex.* : *Sommaire*, *pommier*, *sommelier*, *pommade*.

58. L'*m* ne se double pas, 1° après l'*a* initial. *Ex.* : *Amorce*, *ami*, *amuser*, *amer*, *amidonnier*, *amande*, *amasser*;

59. 2° Après l'*i*, dans les syllabes médiales ou finales. *Ex.* : *Crime*, *légitime*, *victime*, *prime*, *dimension*, *diminuer*, *chimiste*, *primitif*, *ciment*.

Elle ne se double jamais après l'*u*.

N.

60. Cette consonne se double, 1° dans les verbes en *oner* bref. *Ex.* : *Tonner*, *couronner*, *sonner*, *raisonner*, *résonner*, *donner*. Et les mots de leur famille.

61. 2° Dans les noms d'arbre et de profession, quand elle est précédée d'un *o*.

Ex. : *Bouchonnier*, *chaudronnier*, *cordonnier*, *boutonnier*, *cotonnier*, *citronnier*, etc.

62. 3° Daans les féminins des adjectifs terminés en *en*.

Ex. : *Musicien-ne*, *moyen-ne*, *païen-ne*, *chrétien-ne*, *européen-ne*, etc.

63. De même que la consonne *m*, l'*n* ne se double ni après l'*i* ni après l'*u*, à moins que, con-

sonne d'un mot simple, elle ne soit précédée de la particule *in* (32). *Ex.* : *Cuisine*, *praline*, *cousine*, *mine*, *chagrine*, *finir*, *prune*, *tribune*, *rancune*, etc.

P.

64. Les mots commençant par la syllabe *sup*, doublent le *p* dans les verbes et dans les mots de leur famille. *Ex.* : *Supplanter*, *supplication*, *supporter*, *supposer*, *suppression*, *supplicier*.

65. Hors le cas précédent, le *p* ne se double jamais après l'*u*. *Ex.* : *Superbe*, *superflu*, *suprême*, *soupir*, *poupe*, *dupe*, *jupe*, etc.; excepté *suppôt*.

Le *p* ne se double après l'*i* que dans *nippe*, *lippe*, etc. *Ex.* : *Fripon*, *pipe*, *riposter*, etc.

R.

66. Cette consonne se double dans les futurs et conditionnels simples des verbes *pouvoir*, *mourir*, *voir* et *courir*. *Ex.* : *Je courrai*, *je mourrai*, *nous pourrions*, *nous verrions*.

67. L'*r* ne se double ni après le son de l'*u* simple ni après un *i*, à moins qu'elle ne soit précédée de la particule *in* (39). *Ex.* : *Diriger*, *furieux*, *durable*, *miroir*, *pirate*, *puriste*, *suranné*, *curieux*, *curateur*, *blessure*, *dorure*, *sourire*, *faire*, *traire*, *braire*, *extraordinaire*.

S.

68. Cette lettre ayant le son du *z* entre deux voyelles, pour peindre le son de l'*s* dans le milieu des mots, doublez cette consonne dans les mots simples. *Ex. : Mousseline, casser, paresseux, passionner, essaim.*

Cette règle ne peut s'appliquer à l'orthographe des mots composés; ils conservent celle du mot simple. *Ex. : Pré-séance, pré-supposer, vrai-semblable, mono-syllabe, par-a-sol.*

T.

69. De même que l'*l*, le *t* se double lorsque cette consonne, terminant le radical des verbes de la première conjugaison, est précédé et suivi d'un *e* muet. *Ex : Je jette, je cachette, j'étiquetterai, je projetterai.*

70. Le *t* se double encore dans les verbes, les adjectifs et les mots de leur famille, qui commencent par *at*. *Ex. : Attaquer, atteint, attelé, atténuer, attentif, attendrissement, attirer, attiser, atterer, attachement.*

71. Il ne se double pas après l'*i*. *Exemple : Décrépite, exciter, critique, citation, pitié, mitiger, ritournelle, situé, titulaire, citerne, cité;* excepté *quitter, pittoresque, littéraire.*

72. Ne le doublez après l'*u* simple, que dans

butte, *lutte*, *hutte*. *Ex* : *Chute*, *culbute*, *volute*, *putatif*, *tutelle*, *disputer*, *buter*, etc.

Ce ou *Se*.

73. Devant un nom, ce son est toujours adjectif démonstratif, et nécessairement s'écrit par un *c*. Devant un verbe, s'il sert de sujet, il est encore adjectif démonstratif; mais s'il est employé comme régime du verbe, il est pronom personnel, et conséquemment s'écrit par un *s*.

Les élèves qui ne distinguent pas bien le sujet et le régime peuvent s'aider de la remarque suivante :

Se, lorsqu'on peut mettre à l'infinitif le verbe qui le suit, s'écrit par un *s*; partout ailleurs, écrivez *ce*.

Ex. : Ils *se* regardent, elles *se* donnent la main; on peut dire *se* regarder, *se* donner la main; dans tous les autres cas, le bon sens rejetterait l'infinitif.

Leur ou *Leurs*.

74. *Leur*, devant un verbe, est pronom personnel et signifie à eux, à elles; dans ce cas il ne prend jamais d'*s*.

Ex. : Les femmes doivent être attentives, car une simple apparence *leur* fait quelquefois plus de tort qu'une faute réelle.

Leur, devant un nom, est adjectif possessif, et prend un *s* si le substantif auquel il se rapporte est au pluriel.

Ex. : Les hommes rougissent moins de *leurs* crimes que de *leurs* faiblesses et de *leur* vanité.

Quelque.

75. *Quelque* a deux emplois bien différens : ou il modifie un substantif, ou il modifie un adjectif.

S'il modifie un substantif, il prend la marque du pluriel si le substantif est au pluriel ; s'il modifie un adjectif, il ne prend jamais d'*s*; dans ce cas, il signifie *quoique*, à *quelque point que*.

Ex. : *Quelques* personnes imprudentes ont mal parlé de vous.

J'ai visité *quelques* malades ; *quelques* légères fautes que j'ai commises m'ont valu cette punition.

Dans cet exemple, *quelques* sert à faire prendre le substantif dans une acception déterminée ; il est donc adjectif, il doit s'accorder.

Quelque terribles que paraissent ces hommes, ils ne nous ont pas effrayés.

Quelque sincères que les hommes paraissent être avec les femmes.

Dans ces derniers exemples, *quelque* modifie un adjectif; il est invariable.

On sépare *quel* de *que* quand le substantif ne vient qu'à la suite du verbe; alors, *quel* est un adjectif qu'il faut faire accorder en genre et en nombre avec le substantif qui suit le verbe.

EXEMPLE :

Quels que soient les humains, il faut vivre avec eux.
Un mortel difficile est toujours malheureux.

Quelle que soit votre intention; *quels que* soient vos desseins; *quelles que* soient vos vues.

Quand ou *Quant.*

76. *Quand*, pouvant se tourner par *lorsque*, prend un *d*; ne le pouvant pas, il prend un *t*: alors, il est employé pour *pour ce qui est de*.

Tout.

77. *Quand tout* est mis pour *quoique*, *entièrement*, il est invariable. *Ex.* : Elle est *tout* aussi fraîche que dans son printemps.

Il est encore invariable lorsqu'il est suivi d'un adjectif féminin qui commence par une voyelle ou une *h* non aspirée. *Ex.* : Des femmes *tout* éplorées; des oreilles *tout* écorchées.

Demi, *demie.* — *Nu*, *nue.*

78. *Demi*, suivi d'un substantif, ne prend ni genre ni nombre, et s'écrit avec un trait d'union

entre les deux mots; mais si le substantif le précède, il en prend le genre et le nombre.

Même règle pour *nu* et *nue*.

Feu ou *Feue*.

79. *Feu*, placé devant l'article ou un adjectif possessif, ne prend ni genre ni nombre.

Ex. : *Feu* la reine, *feu* ma nièce; mais on écrira après l'article ou l'adjectif possessif, la *feue* reine, ma *feue* nièce.

Excepté, *supposé*, *vu*, *attendu*, *passé*.

80. Ces mots, placés avant des substantifs, deviennent prépositions, et alors ils sont invariables; mais s'ils sont après, ils s'accordent en genre et en nombre avec le substantif ou le pronom qui les précède.

Ex. : *Excepté* mes sœurs, *passé* l'heure de midi, *attendu* les circonstances, *etc.*

Noms de nombre.

81. *Cent* au pluriel et *vingt* dans quatre-vingt prennent un *s* lorsqu'ils sont suivis d'un substantif; mais suivis d'un nom de nombre ils n'en prennent pas.

Aucun nom de nombre cardinal, terminé en *e* muet, ne prend d'*s* final.

Adjectifs terminés en eu.

82. Tous ces adjectifs prennent un *x* final. *Ex.* : *Laborieux, généreux, heureux*, excepté *bleu, hébreu*.

Ses ou *Ces*.

83. On distinguera facilement si cet adjectif est possessif ou démonstratif, en le mettant au singulier ; s'il est démonstratif, écrivez *ces* ; s'il est possessif, *ses*.

Ex. : *Ces* roses sont jolies, mettez cette phrase au singulier, *cette rose est jolie*.

Ex. : L'homme sensé sacrifie *ses* plaisirs à *ses* devoirs ; tournez par le singulier, et vous aurez *son plaisir à son devoir*.

Même.

84. *Même* est adjectif ou adverbe ; sil est adverbe, il est nécessairement invariable, s'il est adjectif, il s'accorde toujours avec son substantif.

Quand il est adverbe, il peut se tourner par *aussi*, *de plus*, *encore*.

Ex. : Les généraux *même* furent pris. Les animaux, les plantes *même* étaient au nombre des divinités égyptiennes.

DU PARTICIPE PASSÉ.

Voyez la *Grammaire*, pour apprendre à bien

distinguer le sujet et le régime, sans la connaissance desquels il serait inutile d'étudier les règles sur cette partie du discours.

85. Toute la théorie des principes se réduit à ces simples observations :

« Le participe passé peut être, ou seul, ou accompagné du verbe *être*, ou accompagné du « verbe *avoir.* »

1° S'il est seul, c'est un simple adjectif qui s'accorde avec son substantif.

2° S'il est accompagné du verbe *être*, il s'accorde avec son sujet.

3° S'il est accompagné du verbe *avoir*, il ne s'accorde jamais avec son sujet, mais il s'accorde avec son régime direct, lorsqu'il en est précédé; et, si son régime le suit, ou s'il est sans régime direct, il est invariable.

Ces règles sont sans exception.

Dans aucun cas il ne s'accorde avec son régime indirect.

Exemples du premier cas.

« Voyez ces plages désertes, ces tristes contrées où l'homme n'a jamais résidé, couvertes, ou plutôt *hérissées* de bois épais et noirs dans toutes les parties *élevées;* des arbres, sans écorce et sans cime, *courbés*, *rompus*, tombant de vétusté.....

La terre *surchargée* par le poids, *surmontée* par les débris de ses productions, n'offre, au lieu d'une verdure florissante, qu'un espace *encombré*, *traversé* de vieux arbres *chargés* de plantes parasites.... »

« Hé ! que puis-je au milieu de ce peuple abattu ?
« Près de ce champ fatal, Jézabel immolée.
« O rives du Jourdain ! ô champs aimés des cieux !
« Doutez-vous qu'à ses pieds nos tribus empressées ... »

Exemple du deuxième cas.

« Tullus et ses prêtres étaient *venus* les attendre à l'entrée du bois sacré. »

« La mort de tes parens fut *vengée.* »

« Cependant la paix est *signée;* le roi de Campanie est libre. »

« Déjà des troupes sont *parties* pour s'emparer du pays des Aurونces. »

« Romulus, dont le nom ne vous est pas *inconnu*, fit répandre dans la Sabinie que, pour consacrer sa ville de Rome, qui à peine était *achevée*, il voulait consacrer des jeux en l'honneur de Cérès. »

« Je recueillis leurs cendres dans une urne d'argent; cette urne fut déposée sur un tombeau, dans l'endroit le plus secret du temple. »

« Mais cette augmentation de votre territoire

doit vous être peu avantageuse, tant que vous serez séparés par les Volsques. »

Exemples du troisième cas.

« Quand ils compteront bien toutes les provinces que, dans les guerres suivantes, il (Louis XIV) a ajoutées à son royaume, toutes les villes qu'il a conquises, tous les avantages qu'il a eus, toutes les victoires qu'il a remportées sur ses ennemis. »

Pour bien distinguer le régime, faites la question *qui* pour les personnes, et *quoi* pour les choses, immédiatement après le participe. Ainsi, dans l'exemple ci-dessus, dites, il a ajouté *quoi?* la réponse sera *des provinces.* Il a conquis, *quoi?* Réponse: *Des villes.* Il a eu, *quoi?* Réponse: *Des avantages.* Il a remporté, *quoi? Des victoires.*

Ensuite analysez, sur votre cahier, d'après la formule suivante.

Ajoutées, participe accompagné du verbe *avoir*, s'accorde avec son régime *provinces.*

Conquises, accompagné du verbe *avoir*, s'accorde avec son régime *villes.*

« Voilà les deux lettres telles que je les ai reçues; je vous les envoie écrites de ma main, parce que vous auriez en trop de peine à lire les caractères de l'autre monde, si je vous les avais envoyées en original. »

Dites : J'ai reçu, *quoi?* Réponse : *Deux lettres.* Analysez : *Reçues*, participe accompagné du verbe *avoir*, s'accorde avec son régime *lettres écrites*. Analysez : Adjectif verbal s'accorde avec son substantif *lettres eu*. Analysez : Participe passé accompagné du verbe *avoir*, invariable, sans régime direct. *Envoyées*, participe accompagné du verbe *avoir*, s'accorde avec son régime *lettres*.

86. On sent qu'il sera facile d'abréger cette opération, en ne mettant que les lettres initiales de chaque mot ; mais j'engage d'autant plus à faire cette analyse, qu'il est impossible, qu'au bout de quelques pages, les personnes les moins intelligentes ne soient familiarisées avec l'étude des participes.

DES VERBES PRONOMINAUX.

87. Dans les verbes pronominaux, le verbe *être* est souvent employé pour le verbe *avoir*, comme dans les phrases suivantes :

« Ces personnes se sont données à l'étude. »

« Ces personnes se sont donné la mort. »

Ici le verbe *être* tient la place du verbe *avoir*; car on peut tourner ces phrases par *ces personnes ont donné elles à l'étude*, et *ces personnes ont donné la mort à elles*.

Dans cette circonstance, appliquez la règle et la même analyse que dans le troisième cas. Ainsi, analysez la première de ces phrases : *Données*, participe accompagné du verbe *avoir*, s'accorde avec son régime *se*.

Et la seconde : *Donné*, participe accompagné du verbe *avoir*, invariable, parce que son régime direct le suit.

C'est surtout dans les verbes pronominaux qu'il est utile de bien distinguer le régime direct d'avec le régime indirect.

Autres exemples.

« La boîte de cette dame s'est retrouvée. »

« Cette croisée s'est ouverte tout-à-coup. »

« Des troubles se sont élevés. »

Quoiqu'on ne puisse pas dire *la boîte de cette dame a retrouvé elle; cette croisée a ouvert elle; des troubles ont élevé eux*, cependant ces sortes de phrases doivent être analysées ainsi; et, à moins que le régime ne soit formellement indirect, considérez-le comme direct.

Exemples divers sur les Verbes pronominaux.

Nous nous sommes imposé de grandes obligations. *Tournez par* nous avons imposé de grandes obligations à nous.

88. Remplacez également le verbe *être* par le verbe *avoir* dans les phrases suivantes :

« Ils se sont donné (4) des preuves constantes d'amitié. »

« Les preuves d'amitié qu'ils se sont données (3) »

« Ils se sont donnés à la boisson (3). »

« Elles se sont envoyé des rubans (4) ».

« Avec quelle rapidité cette journée s'est écoulée (3) ! »

« Ces marchandises se sont promptement vendues (3). »

Pour éviter de répéter la formule d'analyse, j'ai indiqué à chacun des participes, par un numéro de renvoi, la formule qui lui convient ; c'est le parti que je prendrai par la suite.

89. *Formules d'analyse pour les Participes.*

N° 1. Adjectif verbal.

— 2. Participe accompagné du verbe *être*, s'accorde avec son sujet.

— 3. Participe accompagné du verbe *avoir*, s'accorde avec son régime.

— 4. Participe accompagné du verbe *avoir*, invariable, sans régime direct ; *ou bien*, son régime le suit.

Participe suivi d'un verbe à l'infinitif.

90. Lorsque le participe est suivi d'un verbe à l'infinitif, il est important de bien distinguer si le régime est celui du participe ou celui de l'infinitif. Cette distinction bien faite, employez la formule d'analyse applicable au cas déterminé par les règles antérieures.

Exemples :

« Les paroles que j'ai entendu citer. *Entendu, quoi?* Réponse : *Citer les paroles* (5). »

« Les rossignols que nous avons entendus chanter. *Entendu, quoi?* Réponse : Les rossignols (3). »

« Ces vers, vous les avez entendus lire. » *Entendu, quoi?* Réponse : Lire des vers (5).

« Ces dames, nous les avons vues lire. » *Vues, qui?* Réponse : Les dames (3). »

Dans le premier et le troisième exemple, les mots *paroles, vers*, étant régime direct de l'infinitif, et non du participe, celui-ci doit être invariable.

91. Comme il paraît quelquefois embarrassant aux personnes peu exercées de distinguer si le régime est celui du participe, ou celui de l'infinitif, il sera facile de le faire, en plaçant le régime im-

médiatement après chacun d'eux, et en mettant le verbe au participe présent, ou à l'imparfait de l'indicatif.

Ainsi, dans le premier exemple, en mettant le régime immédiatement après le participe, le bon sens rejettera *nous avons entendu les paroles citant*, ou *qui citaient*. De même, dans le troisième, on ne dirait pas *nous avons entendu les vers lisant*, ou *qui lisaient*. Donc le régime ne peut pas être celui du participe, mais celui de l'infinitif.

Dans les deux autres exemples, au contraire, on dira bien *nous avons entendu les rossignols chantant*, ou *qui chantaient*, et *nous avons vu les dames lisant*, ou *qui lisaient*. Donc le régime est celui du participe.

Exemples :

« Les leçons que vous n'avez pas voulu (4) apprendre. »

« Les douceurs que vous auriez pu (4) lui procurer, vous les lui avez refusées (3). »

« Les acteurs que nous avons vus (3) jouer, ont obtenu (4) quelque succès. »

« J'ai retenu les vers que je vous ai entendu (4) réciter. »

« Les fleurs qu'ils ont envoyé (1) chercher, n'étaient pas encore cueillies (2). »

Quelques grammairiens ont avancé, 1° que le participe, accompagné du verbe *être*, est invariable, quand le sujet le suit; 2° que le participe, accompagné du verbe *avoir*, est invariable, s'il est suivi d'un adjectif qui se rapporte au régime. Ces règles étant reconnues évidemment fausses par tous les grammairiens modernes, je ne crois pas devoir les réfuter par des exemples contraires.

Fait et *laissé*.

92. Ces participes ne me paraissant pas faire exception aux règles précédentes, je n'ai pas cru devoir les traiter particulièrement.

Exemples :

« La demoiselle que *vous avez fait entrer.* « Demande : Vous avez fait, *quoi?* Réponse : *Entrer la demoiselle.*

Analysez donc (4) :

« Les soldats que vous avez *fait* arrêter (4). »

« Les criminels que l'on a *fait* mourir (4). »

« Les criminels que l'*on a laissés* s'évader. »

Demande : On a laissé, *qui?*

Réponse : Les criminels s'évadant (3).

« Cette femme s'est laissé tromper. » Certaine-

Certainement on ne dira pas, «*elle a laissé elle tromper,*» mais «*elle a laissé tromper elle;*» donc (4) «*ces verres vous les avez laissés tomber* (3), *tombant*, ou qui *tombaient.*»

«Les malheureux soldats que l'on a laissés périr de faim.» *Périssant*, ou qui *périssaient de faim.*

Participes précédés de en.

92. *En* ne peut être regardé que comme un régime indirect; car, dans les phrases où il ressemble le plus à un régime direct, il n'est que pronom d'un régime indirect sous-entendu.

Exemples : Il avait des pêches; il m'en a donné (4), sous-entendu *quelques-unes.*

«J'ai acheté des plumes; j'en ai taillé (4), sous-entendu *quelques-unes.*»

«Vous aviez de la gaze, vous m'en avez donné (4), sous-entendu *un peu.*»

«Les abricots étaient mûrs, j'en ai mangé (4), sous-entendu *quelques-uns.*

Participes précédés des mots peu, combien, que, de.

93. Ou le *peu* indique *une petite quantité de*, ou il indique *le manque*, le *défaut de*. S'il indique une *petite quantité de*, le participe s'accorde

avec le substantif qui suit le *peu de*, et par conséquent doit être au masculin et au singulier.

Ainsi il faut donc écrire,

« Le peu de fleurs que j'ai vues. »

« Le peu de roses que nous avons cueillies. Le peu de sincérité que vous avez montré. »

« Le peu de confiance que vous m'avez témoigné. »

Parce que, dans le premier cas, il est question de *fleurs qui ont été vues*, de *roses qui ont été cueillies ;*

Et, dans le second, il n'est pas question de *sincérité montrée*, de *confiance témoignée ;* on veut, au contraire, exprimer qu'il n'y a pas eu de *sincérité*, de *confiance.*

94. Quant aux adverbes *combien de, que de*, il suffira de recourir au sens de la phrase. Ainsi, dans les phrases suivantes, j'écrirai : « Combien de victimes il a sacrifiées ! » « Que de fleurs le vent a renversées ! » « Combien d'écoliers il a surpassés. » Parce qu'ici il y a eu *des victimes sacrifiées, des fleurs renversées, des écoliers surpassés ;* parce que, dans ces cas, l'adverbe de quantité modifie le nom qu'il précède, et par conséquent doit être pris adjectivement.

Exemples :

« Combien de soldats ce général n'a-t-il pas

sacrifiés pour une place si peu importante ! »

« Que de progrès cet écolier n'a-t-il pas faits dans ses études ! »

« Que de fruits n'ont-ils pas mangés ! »

VERBES IMPERSONNELS.

95. Quand le verbe est impersonnel, ou employé impersonnellement, le participe reste invariable.

Exemples :

« Les maladies qu'il y a eu cette année ont été très-dangereuses. »

« Les neiges qu'il y a eu cette année ont occasioné des débordemens considérables. »

« La grande inondation qu'il y a eu. »

« Les grands vents qu'il a fait. »

Participes vécu, coûté, valu, duré.

96. Ces participes ne pouvant avoir de régime direct, sont invariables.

Exemples :

« Je regrette les vingt-cinq louis que cette bague m'a coûté. »

« Les trois mois que cette campagne a duré. »

« Les jours que j'aurai vécu. »

« Les dix mille francs que cette maison a valu. »

Cependant si le verbe *valoir* signifie *procurer*, et si *coûter* signifie *occasioner*, *produire*, *causer*, alors ils deviennent actifs, et suivent la règle générale.

« Que de soins m'eût coûtés cette tête charmante! »

« Les honneurs que m'a valus mon habit. »

Participes du verbe imaginer, *et autres après lesquels un verbe est sous-entendu.*

« Cette femme n'est pas aussi instruite que je l'avais imaginé. »

« Vous vous êtes imaginé, madame, que votre beauté vous tiendrait lieu de talens. »

« Les secours qu'ils se sont imaginés que vous leur porteriez. »

Bien certainement on ne peut pas dire : « *J'avais imaginé la femme*, » mais *j'avais imaginé* cela, *qu'elle était instruite*. Même raisonnement pour le deuxième et troisième exemple : « *Vous vous êtes imaginé* cela, *madame*, *que votre beauté*, etc.; *ils se sont imaginés* cela, *que vous leur porteriez des secours*. »

Ecrivez : « *Je lui ai* rendu tous les *services* que *j'ai pu*, que *j'ai dû*, que *j'ai voulu*. » Parce que le verbe *rendre* est sous-entendu dans cet exemple; car l'intention est de dire : « Que *j'ai pu lui rendre*, que *j'ai dû lui rendre*, que *j'ai voulu lui rendre.* » Le mot *service* étant ici régime d'un verbe sous-entendu, et non du participe, ce dernier reste invariable.

Du Participe présent.

97. Le participe présent étant toujours invariable, il ne peut pas présenter de difficulté, si on le distingue bien de l'adjectif verbal.

98. Pour les distinguer, remarquez, 1° que le participe présent indique toujours l'action faite par le sujet, et l'adjectif verbal la qualité du sujet; 2° que l'adjectif verbal, comme tous les autres adjectifs, peut recevoir devant lui les adverbes *plus*, *moins*, *très-bien* *etc.*, qui indiquent les degrés de comparaison.

Cette difficulté bien sentie, toute difficulté disparaîtra.

Exemples :

«J'ai vu ces hommes obligeant leurs semblables quand ils le pouvaient.»

«Combien de courtisans rampant devant les gens en place.»

«Vous avez remarqué cette femme tremblant de déplaire à son fils.»

«Les lieux environnant votre habitation sont agréables.»

« Ces jeunes bergères, charmant leurs loisirs, chantaient et dansaient tour-à-tour. »

Dans ces exemples, *obligeant*, *rampant*, *tremblant*, *environnant*, *charmant*, indiquant l'action, le participe est invariable.

Dans les exemples suivans, les mêmes mots sont employés comme adjectifs, parce qu'ils marquent la qualité du sujet.

EXEMPLES :

« Tout le monde sait combien ces jeunes gens sont *obligeans*.

« Que pouviez-vous attendre de gens aussi *rampans* ? »

« La frayeur a rendu cette femme toute *tremblante*. »

« Tout le monde a trouvé cette petite fille *charmante*. »

HOMONYMES

LES PLUS USITÉS

DE LA LANGUE FRANÇAISE,

OU

VOCABULAIRE

de quelques mots dont la prononciation est presque la même, et qui s'écrivent différemment.

A.	Il a faim.
A.	Je vais à Paris.
Ah!	Qu'il est beau!
Ha!	J'ai eu peur.
Abas.	Abas-tu des noix?
A bas	Les turbulens!
Abus.	Il fait abus de son esprit.
A bu.	Il a bu beaucoup d'eau.
Abattu.	Il est abattu.
A battu.	Il a battu son frère.
Abbesse.	L'abbesse d'un couvent.
Abaisse.	Il abaisse une muraille.
Aboie.	Cette chienne aboie.
Abois.	Il est aux abois.

Acier.	Cet acier est bien trempé.
A scier.	Voilà du bois bien dur à scier.
Accomplie.	Cette dame est accomplie.
A complies.	Elles sont à complies.
Acre.	Ce fruit est âcre.
Acre.	Un acre de terre.
Alène.	L'alène d'un cordonnier.
Haleine.	Perdre haleine.
Aguets	Etre aux aguets.
A gué.	Passer la rivière à gué.
Ais.	Une planche.
Es.	Tu es un paresseux.
Est.	Elle est douce.
Haie.	Passer à travers une haie.
Amande.	Fruit de l'amandier.
Amende.	Elle a été mise à l'amende.
Aile.	Une aile de poulet.
Elle.	Elle fait bien.
Air.	Elle a l'air doux.
Aire.	Place pour battre le blé.
Aire.	Le nid d'un aigle.
Haire.	Cilice.
Erre.	Il erre sur les bords du Styx.
Ancre.	Mettre un vaisseau à l'ancre.
Encre.	Cette encre est trop épaisse.

Accord.	C'est un accord parfait.
A cor.	A cor et à cri.
Au.	Aller au bal.
Eau.	Boire de l'eau.
L'os	De la jambe.
Acquis.	Il a acquis une bonne réputation.
Acquit.	Mettez votre acquit au bas du billet.
A qui.	A qui appartient cette montre?
Admis.	Il fut admis dans cette assemblée.
A demi.	Noussommes à demi dans le bénéfice.
Allez.	Allez vous promener.
Allé.	Il est allé à la campagne.
Hâlé.	Il est hâlé du soleil.
An.	Le roi est né l'an 1755.
En.	Vous êtes en lieu sûr.
Anse.	Une anse de pot à l'eau.
En ce.	En ce jour-là.
Anvers.	La ville d'Anvers.
Envers.	Soyez charitable envers les pauvres.
En vers.	Il a beaucoup travaillé en vers.
Antre.	Une caverne.
Entre.	Quelle différence entre lui et moi.
Entres.	Tu entres dans un vilain moment.
Appareil.	Remède qu'on met sur une plaie.
A pareil.	Nous nous verrons à pareil jour.

Après.	Nous irons après Pâques.
Apprêt.	Préparatifs ; les apprêts d'une noce.
Appris.	Tu as appris beaucoup de choses.
A prix.	Je ne l'ai obtenu qu'à prix d'argent.
Arrhes.	Argent que l'on donne pour l'assurance de l'exécution d'un marché.
Art.	L'art de la peinture est bien difficile.
A tant.	Il a tant mangé, qu'il s'est fait mal.
Attends.	Attends-moi sous l'orme.
Autel.	Il fut marié à l'autel de la Vierge.
Hôtel.	Il demeure dans son hôtel.
Auteur.	Cet auteur n'est pas heureux.
Hauteur.	Cette montagne est d'une hauteur prodigieuse.
Avant.	Je suis arrivé avant vous.
A vent.	Un moulin à vent.
Avent.	Célébration annuelle de l'arrivée du Christ.
Autant.	Donnez-lui autant qu'à moi.
Au temps.	Nous sommes au temps de la moisson.
Auspices.	Sous d'heureux auspices.
Hospice.	Il est à l'hospice.
A vin.	Un pays à vin.
Aveins.	Aveins ce livre.

A vingt.	Ce vin me revient à vingt sous la bouteille.
Appas.	La vertu a des appas.
Appâts.	Pour prendre le poisson.

B.

Bail.	Il a la maison à bail.
Bàille.	Quand tu bâilles, il faut que je bâille.
Baille.	Baille-lui un soufflet.
Bal.	Aller au bal.
Balle.	Prendre la balle au bond.
Balle	De coton.
Balai.	Instrument dont on se sert pour balayer.
Ballet.	Danse figurée.
Bas.	Une paire de bas.
Bât.	Bât d'un âne. Pourvu que je porte mon bât.
Bah !	Interjection.
Bat.	Il bat ses habits.
Ban.	Publication à haute voix.
Banc.	S'asseoir sur un banc.
Beauté.	Cette femme peut passer pour une beauté.
Botté.	Il est toujours botté.

Boite.	Il boite depuis ce temps-là.
Boîte.	Une boîte d'or.
Bon.	Cet homme est bon.
Bond.	Il a fait un bond.
Boucher.	Le boucher lui fournit de bonne viande.
Bouchez.	Bouchez la bouteille.
Bouché.	Cet enfant est bouché (sans lumière d'esprit.)
Bouchée.	Une bouchée de pain.
Bonheur.	Il a toujours eu du bonheur.
Bonne heure.	Vous levez-vous de bonne heure?
But.	Frapper au but.
But.	Il but beaucoup d'eau.
Bue.	La liqueur était bue.
But.	Se marier de but en blanc.
Butte.	Etre en butte aux traits de la médisance.

C.

Caen.	Ville de Normandie.
Qu'en	dira-t-on?
Qu'en.	Il ne se promène qu'en pantouffles.
Quand	Vous irez quand vous voudrez.
Quant.	Quant à moi, je resterai ici.

Cap.	Pointe de terre qui s'avance dans la mer.
Cape.	Espèce de capuchon.
Capre.	Fruit du caprier.
Car.	Conjonction.
Quart.	Une aune et un quart d'étoffe.
Cens.	Dénombrement usité chez les Romains.
Sens.	Avoir le sens commun.
Sans.	Sans doute.
Sent.	Il sent bon.
Cent.	Acheter un cent d'œufs.
Chaîne.	Une chaîne de fer.
Chêne.	Arbre qui produit le gland.
Chair.	La chair des animaux.
Cher.	Le cher homme, la chère femme.
Chère.	Il fait bonne chère.
Chaire.	La chaire du prédicateur.
Cahot.	La secousse que l'on sent dans une voiture.
Chaos.	Confusion.
Caisse.	Pour mettre de l'argent.
Caisse.	Battre la caisse.
Qu'est-ce?	Qu'est-ce que cela?
Chœur.	Chanter en chœur.

Cœur.	Organe de l'animal, âme, courage.
Champ.	Cultiver son champ.
Chant.	Un chant mélodieux.
Chaud.	Nous avons chaud.
Chaux.	De la chaux vive.
Choc.	Recevoir un rude choc.
Choque.	Cette expression me choque.
Ci.	Ci-joint, cette rue-ci.
Si.	Si vous venez, vous me ferez plaisir.
S'y.	On s'y trouvera.
Scie.	Couper du bois avec la scie.
Six.	Six vingts hommes.
Clair.	Il voit clair, cette eau est claire.
Clerc.	Un clerc de procureur.
Clause.	Condition d'un contrat.
Close.	La porte est bien close.
Coi.	Tranquille. Il se tient coi.
Quoi?	Eh bien, quoi?
Comptant.	De l'argent comptant.
Content.	Est-il content?
Contant.	En contant son histoire.
Comte.	Monsieur le comte.
Conte.	Conte à dormir debout.
Compte.	Il a présenté ses comptes.
Contera.	Contera-t-il son histoire?

Contrat.	Ils ont passé le contrat.
Comptera.	On vous comptera de l'argent demain.
Coq.	Le chant du coq.
Coque.	La coque d'un ver à soie.
Cor.	Avoir un cor au pied.
Cor.	Donner du cor (instrum. de chasse).
Corps.	Il lui passa son épée au travers du corps.
Cou.	Il lui coupa le cou.
Coup.	Recevoir un coup dans l'estomac.
Coud.	Elle coud sa robe.
Court.	Il court à perdre haleine.
Cour.	Elle a ses entrées à la Cour; la cour d'une maison.
Cours.	Peut-on arrêter le cours de l'eau.
Cours.	Cet homme suit un cours de droit.
Côte.	Os de l'animal; rivage de la mer.
Côte.	Une côte de melon.
Cotte.	Jupon.
Quote-part.	Chacun eut sa quote-part.
Croix.	Porter la croix.
Crois, croit.	Je crois, il croit.
Cru (terroir.)	Ce vin est de mon cru.
Cru.	Manger du fruit cru.

Cru.	Je l'ai cru.
Crut.	Il crut pouvoir venir.
Crue.	Augmentation. Il y eut une crue d'eau étonnante.
Cuir.	Le cuir des souliers.
Cuire.	Faites cuire les poulets.

D.

Dans.	Il est dans la maison.
D'en	Je viens d'en faire la connaissance.
Dents.	Avoir mal aux dents.
Dam.	(Vieux mot). Dommage, à mon dam.
Dans ce	Dans ce superbe lieu.
Danse.	Il danse bien.
Dense.	(Epais). L'air est dense.
Date.	La date de cette lettre. Il date de loin.
Datte.	Fruit du dattier.
D'étain.	Un pot d'étain.
Déteint.	Mon habit est déteint.
Dessein.	Un dessein prémédité.
Dessin.	Un dessin d'un habile dessinateur.
Désir.	Avoir le désir de devenir savant.
Désire.	Il désire vous voir.
Devoir.	Je fais mon devoir; il croit devoir venir.

De voir.	J'ai eu le plaisir de voir ses enfans.
Dix ans.	En dix ans de temps.
Disant.	En disant ces mots, il mourut.
Dis en.	Dis en peu de mots ce que tu as à dire.
Doigt.	Il la montre au doigt.
Doit.	Il me doit de l'argent.
Don	Recevoir un don de quelqu'un.
Donc.	Travaillez donc, si vous voulez avancer.
Dont.	L'homme dont je vous ai parlé.
D'or.	Une bague d'or.
Dore.	Il dore cette pendule.
Dors.	Dors, mon enfant.
Dégoûter.	Cet homme me dégoûte.
Dégoutter.	Couler goutte à goutte.
Dû.	Cela m'est dû ; une somme due.
Du.	Je viens du salon.

E.

Echo.	Répétition d'un son. L'écho répond à mes plaintes.
Ecot.	Quote-part ; payer son écot.
Elle.	Elle est entrée.
Aile.	Une aile d'oiseau, de moulin, de logis.

En.	En ce temps-là.
An.	Au nouvel an.
Encens.	Brûler de l'encens.
En cent.	Je l'ai brisé en cent morceaux.
En sens	Contraire.
Envie.	J'ai envie d'aller à la campagne.
En vie.	Cet animal est en vie.
Envi.	Ils travaillent à l'envi l'un de l'autre.
Enter.	Greffer. Terme d'agriculture.
Hanter.	Fréquenter; hanter les mauvaises compagnies.
Etre.	Il faut être laborieux.
Hêtre.	Assis au pied d'un hêtre.
Etang.	Retirer du poisson de l'étang.
Etant.	Cela étant, vous parviendrez.
Etends.	Etends le tapis par terre.
Exaucer.	Dieu a exaucé mes vœux.
Exhausser.	Il a fait exhausser le mur du jardin.

F.

Face.	Regarder quelqu'un en face.
Fasse.	Quoi qu'il fasse.
Faim.	Avoir faim.
Fin.	La fin d'un livre; être fin.
Feint.	Elle feint d'être malade.

Fais.	Je fais mon ouvrage.
Fait.	C'est un fait certain.
Faix.	Fardeau. Ployer sous le faix.
Faire.	Il faut faire son devoir.
Fer.	Le fer est un métal plus utile que l'or.
Faîte.	(Comble, sommet). Le faîte d'une maison.
Fête.	C'est demain fête.
Faites.	Faites cela.
Faux.	Un instrument pour faucher.
Faut.	Il faut se lever matin.
Faux.	Ce que l'on vous a dit est faux.
Fausse.	Cette nouvelle est fausse.
Fosse.	Faire une fosse creuse de dix pieds.
Foi.	La bonne foi ; la foi nous sauve.
Fois.	Une fois, deux fois.
Foie.	Un vautour mangeait le foie de Prométhée, à mesure qu'il renaissait.
Fouet.	Châtiment. Recevoir le fouet.
Fond.	Le fond d'un puits, d'un sac.
Fond.	Le feu fond l'argent.
Fonds.	Fonds de commerce, fonds de terre.
Font.	Ils font beaucoup de bruit.
Fonts.	Tenir un enfant sur les fonts de baptême.

G.

Geai.	Le geai qui se pare des plumes du paon.
J'ai.	J'ai vu.
Jet.	Le jet d'eau.
Gai.	Un homme gai est rarement méchant.
Guet.	Faire le guet pour surprendre quelqu'un.
Gelée.	Grand froid.
Je l'ai.	Je l'ai mis en lieu de sûreté.
Goutte.	Une goutte d'eau ; il a la goutte ; il ne voit goutte.
Goûte.	Qu'il goûte mon vin.
Grâce.	Obtenir une grâce ; avoir de la grâce.
Grasse.	Cette personne est grasse.
Grasse.	Ville de Provence.
Grèce.	Une ville de Grèce.
Graisse.	La graisse de porc.
Gris.	Avoir les cheveux gris.
Gril.	Des côtelettes sur le gril.
Guère.	(ou Guères), adverbe. Peu.
Guerre.	La guerre est un fléau.

H.

Hâle.	Le hâle que produit l'ardeur du soleil.
Halle.	Faire ses provisions à la halle.
Hôte.	D'un logis.
Hotte.	Espèce de panier propre à être porté derrière le dos.
Ote.	Il ôte son chapeau.
Hôtesse.	D'un logis.
Hautesse.	Terme dont on se sert à l'égard du grand Turc.
Héros.	Homme qui s'est illustré par des actions d'éclat.
Héro.	Amante de Léandre.
Hérault.	Crieur public.
Hors.	Tout est perdu, hors l'honneur.
Or.	Or donc, venez chez nous.
Or.	Le plus précieux de tous les métaux

I et J.

Ile.	Portion de terre environné e d'eau
Il.	Il fait bien.
Ils.	Ils sont bien gais.
Jean.	Nom propre. Jean qui pleure.
J'en.	J'en ressens une pe ine extrême.

Gens.	Les vieilles gens sont soupçonneux.
Jeune.	Un jeune homme bien né.
Jeûne.	Abstinence de manger.
Joie.	Satisfaction. J'en ai une joie infinie.
Jouet.	Un jouet d'enfant.

L.

La.	La fièvre, la faim, la soif.
Là.	Arrêtez-vous là.
L'a.	Il l'a induit en erreur.
Lac.	Grande étendue d'eau.
Lacs.	Lacets pour prendre des animaux.
Lacer.	Lacer un corset.
Lasser.	Fatiguer quelqu'un.
Laid.	Un homme laid.
Laie.	Femelle du sanglier.
Lait.	Boire du lait.
Les.	Etudier les belles-lettres.
L'est.	Pour instruit, il l'est.
Lé.	Largeur d'une étoffe.
Léthé.	Fleuve de l'enfer.
L'été.	La saison la plus chaude.
L'an.	Mil huit cent dix-sept.
L'en.	Je l'en félicite.
Laon.	La ville de Laon.

Lent.	Son mouvement est lent.
Lange.	Lange pour envelopper un enfant.
L'ange.	L'ange que Dieu envoya à To
Lard.	Une omelette au lard.
Lares.	Les dieux Lares, divinités domestiques chez les Païens.
L'art.	Il a perfectionné l'art du chant.
Leçon.	Recevoir une leçon.
Le son.	Ce qui reste de la farine.
Le son	D'un instrument.
Le sont.	Le sont-ils, coupables?
Leur.	Leurs chapeaux sont bons; je leur parle.
Leurre.	(vieux mot). Appât.
L'heure	A laquelle vous m'avez donné parole.
Lieu.	Un lieu agréable.
Lieue.	Une lieue de chemin.
Lie.	La lie du vin. Je lie, tu lies, il lie.
Lis.	Je lis, tu lis, il lit.
Lit.	Un bon lit.
Lice.	Carrière; entrer en lice.
Lisse.	Uni. Papier lisse.
Lis.	Fleur. Le lis sans tache.
Lyon.	Ville de France.

Lion.	Le roi des animaux.
Lions.	Lions ces gerbes entre elles.
Lire.	Lire avec attention.
Lyre.	Les doux sons de la lyre.
L'on.	L'on frappe à la porte.
Long.	Un voile long de trois aunes.
L'ont.	L'ont-ils aperçu ?
Lut.	Il lut enfin ce poëme désiré.
Luth.	Jouer du luth.
Lutte.	Il remporta le prix de la lutte.
L'eût.	L'eût-il obtenu sans vous?

M.

Ma.	Ma table est petite.
M'as.	M'as-tu donné mon livre?
M'a.	M'a-t-il obéi ?
Mât.	Le mât d'un vaisseau.
M'aime.	Il m'aime.
Même.	C'est lui-même.
Mal.	Le remède est pire que le mal.
Malle.	Espèce de coffre.
Mâle.	Le mâle et la femelle.
Mai.	Le mois de Mai.
Mais.	Mais, qu'en dira-t-on?
Mes.	Mes lèvres.

Met.	Il met son bonheur à faire des heureux.
M'est.	M'est-il arrivé une lettre?
Mets.	C'était le mets le plus délicat du repas.
Maintien.	Contenance.
Maintiens.	Je maintiens, tu maintiens, il maintient.
Maître.	Le maître du logis.
Mettre.	Il faut mettre la clef à la porte.
M'être.	Vous pouvez m'être utile.
Mètre.	Un mètre de drap.
Marchand.	N'est pas marchand qui toujours gagne.
Marchant.	Faire du bruit en marchant.
Marc.	Le marc se divise en huit onces.
Mare.	Amas d'eau dormante.
Mari.	Cette femme a un bon mari.
Marri.	Fâché.
Marie.	Il se marie demain.
M'en.	M'en donneriez vous des nouvelles?
Ment.	Cet homme ment, tu mens.
Mans.	La ville du Mans.
Maire.	Le maire d'une ville.

Mer.	Amas d'eau salée qui environne la terre.
Mère.	Sémélé fut mère de Bacchus.
Mon.	Mon château est magnifique.
Mont.	Les Muses habitaient les monts Parnasse et Hélicon.
M'ont.	M'ont-ils rapporté mon livre ?
Môle.	Masse de chair.
Molle.	Féminin de mou.
Mord.	Cheval qui mord.
Mors.	D'un cheval.
Mort.	Le cardinal Mazarin est mort en l'an 1661.
Maure.	Qui est de la Mauritanie, en Afrique.
Mots.	Parlez en peu de mots.
Maux.	Puissions-nous éviter les maux que nous avons soufferts !
Mur.	Les murs de Thèbes furent bâtis au son de la lyre d'Amphyon.
Mûr.	Ce fruit est mûr.
Mûre.	Fruit du mûrier.
Mœurs.	Une personne remarquable par ses bonnes mœurs.
Meurs.	Tu meurs au printemps de ton âge.

Moi.	Et que m'a fait à moi cette Troie où je cours?
Mois.	Le mois de janvier était consacré à Janus.

N.

Nais.	Tu nais, hélas! pour peu d'instans; il naît.
N'es.	Tu n'es pas adroit.
N'est.	Elle n'est pas menteuse.
Net.	Cet enfant est net.
N'ai.	Je n'ai que peu de fortune.
Né.	Le roi est né l'an 1755.
Nez.	Fermer la porte au nez.
Naître.	On voit naître et mourir la rose en un moment.
N'être.	N'être pas bien dans ses affaires.
Ni.	Ni vous, ni moi.
Nie.	Il nie le fait.
N'y.	N'y allez pas.
Nid.	Prendre les petits dans le nid.
Non.	Il lui a répondu : Non.
Nom.	Illustrer son nom.
Nourrice.	Une louve servit de nourrice à Romulus et à Remus.

Nourrisse.	Que je nourrisse, que tu nourrisses, qu'il nourrisse.
Nuit.	Je nuis, tu nuis, il nuit.
Nuits.	Excellent vignoble de Bourgogne.
Nuit.	Déesse des ténèbres, fille du Ciel et de la Terre.

O.

O.	O temps! ô mœurs!
O.	(sans accent, marque l'apostrophe.) ô mon père!
Ho.	Interjection pour appeler.
Oh!	Interjection marquant l'étonnement. Oh! oh! que dites-vous?
Aulx.	Pluriel d'ail.
On.	On nous a dit bien des vérités.
Ont.	Ils ont toujours été à la campagne.
Orangers.	On retire les orangers pendant l'hiver.
Os rangés.	Les catacombes offrent un amas d'os rangés symétriquement.
Où.	Où allez-vous?
Ou.	Vous ou moi.
Août.	Le mois d'août.
Oui.	J'ai dit oui.

Ouï. (Entendu.) Participe passé du verbe ouïr.

Ouïe. (Un de nos cinq sens.) Il a l'ouïe dure.

P.

Pain. Manger du pain.
Peint. Cette dame peint bien joliment.
Pin. Arbre consacré à Cybèle.
Pair. Un pair de France.
Pair. Nombre pair. Jouer à pair ou non.
Père. Saturne, père de Jupiter.
Perd. Cet homme se perd.
Panser. Panser une blessure.
Penser. Veuillez penser à moi.
Panse. Une bonne panse.
Pense. Il pense à vous.
Pan. Fils de Mercure, dieu des campagnes.
Pan. Le pan de mon habit.
Paon. Oiseau consacré à Junon.
Pends. Pends-toi, brave Crillon; nous avons vaincu, et tu n'y étais pas.
Par. Absalon fut suspendu par les cheveux.
Part. Manger une part de gâteau.

Pars.	Je pars pour Lyon.
Parti.	Le parti que vous prenez est bon.
Partie.	La partie est plus petite que le tout.
Partis.	Je partis, tu partis, il partit.
Pâte.	La pâte pour le pain.
Pate.	Se servir de la pate du chat.
Peau.	Elle a la peau douce.
Pot.	Ce pot contient deux pintes de lait.
Peu.	Peu s'en faut.
Peux.	Je peux, tu peux, il peut.
Plein.	Le spectacle était plein.
Plain.	Un appartement de plain-pied.
Plains.	Je plains, tu plains, il plaint.
Poids.	Un poids de cent livres.
Pois.	Des petits pois.
Poix.	Les cordonniers se servent de poix.
Point.	Point de réplique.
Poing.	Un coup de poing.
Porc.	La graisse de porc.
Port.	Le port de la Rochelle.
Pores.	Les pores de la peau.
Pouce.	Un des doigts de la main.
Pousse.	Je pousse, tu pousses, il pousse.
Près.	Près de la muraille.
Prêt.	Prêt à tomber.

Pris. — Il a pris la fuite.

Prit. — Il prit ses jambes à son cou.

Prix. — Remporter un prix.

Q.

Quartier. — Le quartier Saint-Honoré est très-peuplé.

Cartier. — Qui fait des cartes.

Quoique. — Conjonction. Quoique nous soyons amis.

Quoi que. — Deux mots séparés, dont le premier signifie quelque chose; et le second est pronom relatif. Quoi que vous disiez.

Quel. — Quel malheur !

Quelle. — Quelle fatalité !

Qu'elle. — Qu'elle aille où elle voudra.

R.

Raiponce. — Plante que l'on mange en salade.

Réponse. — Faites réponse à ma lettre.

Rang. — Ce rang me convient.

Rends. — Je rends, tu rends, il rend.

Ras. — Un chien à poil ras.

Rat. — La mort aux rats.

Récent. — Nouveau.

Ressent.	Je ressens, tu ressens, il ressent.
Ris.	Je ris, tu ris, il rit.
Riz.	Manger du riz.
Raisonner.	Faire des raisonnemens.
Résonner.	Retentir. Entendez-vous les forêts résonner de nos cris?
Rond.	Un corps rond.
Rompt.	Il me rompt la tête.

S.

Sale.	Une personne sale.
Salle.	La salle était remplie.
Seine.	La Seine traverse Paris.
Cène.	Dernier repas de Jésus-Christ.
Scène.	La scène du théâtre.
Saine.	Une personne saine de corps et d'esprit.
Sain.	Un jugement sain.
Saint.	Un lieu saint.
Ceint.	Avoir le corps ceint d'une ceinture.
Seing.	Billet sous seing-privé.
Cinq.	Cinq coqs se battaient.
Sein.	Plonger le poignard dans le sein.
Saut.	Il fit un saut.
Sceau.	Apposer son sceau.
Seau.	Puiser de l'eau dans un seau.

Sot.	C'est un sot personnage.
Sel.	Mettre du sel dans la soupe.
Selle.	La selle d'un cheval.
Celle.	Celle que vous préférerez.
Serein.	Un visage serein.
Serin.	Le serin chante.
Son.	Son médecin est arrivé.
Sont.	Elles sont arrivées.
Saur.	Un hareng saur.
Sors.	Je sors, tu sors, il sort.
Sous.	Caché sous la table.
Sou.	N'avoir pas le sou.
Soûl (ivre.)	Un homme soûl.
Statue.	Une statue.
Statut.	Réglement.
Suie.	La suie de la cheminée.
Suis.	Je suis, tu suis, il suit.
Sur.	Je suis sur le qui-vive.
Sûr.	Je suis sûr que vous m'approuverez.

T.

Ta.	Ta mère viendra.
T'a.	Il t'a commandé d'obéir.
Tas.	Un tas de blé.
Taire.	Il faut savoir se taire.

Terre.	Tomber à terre.
Taie.	Une taie d'oreiller.
Taie.	Avoir une taie sur l'œil.
Tes.	Tes cousins sont arrivés.
T'es.	Tu t'es amusé au spectacle.
T'est.	Que t'est-il arrivé?
Têt.	Un morceau de pot de terre.
Tan.	Ecorce de chêne pilé.
Tant.	Il a tant joué, que....
Temps.	Le temps fuit et ne revient pas.
T'en.	Je t'en souhaite.
Tends.	Je tends, tu tends, il tend.
Tante.	Votre tante se plaint de vous.
Tente.	Le général était sous sa tente.
Tain.	Mettre des glaces au tain.
Teint.	Elle a un beau teint.
Teins.	Je teins, tu teins, il teint.
Tu.	Tu n'es pas sage.
Tue.	Il tue un pigeon.
T'eut.	Quand il t'eut accompagné.
Tyran.	Le tyran exécrable qui mit Rome en cendre.
Tirant.	En tirant sa bourse.
Traits.	Sa sœur a de beaux traits.

Très.	C'est très-bien.
Travail.	Le travail est utile pour la santé.
Travaille.	Je travaille pour vivre.
Tribu.	Le peuple romain était divisé par tribus.
Tribut.	Il faut payer son tribut.

V.

Van.	Instrument pour vaner le grain.
Vent.	Le vent est froid.
Vends.	Je vends, tu vends, il vend.
Vaux.	Je vaux, tu vaux, il vaut.
Veau.	Le petit de la vache.
Vos.	Vos livres sont bien reliés.
Ver.	Un ver de terre.
Vers.	L'aimant se tourne vers le nord.
Verre.	Vase dans lequel on boit.
Vert.	Un habit de drap vert.
Vain.	Cet homme est vain.
Vin.	Le vin de Bordeaux est cher.
Vingt.	Nous étions vingt.
Vœux.	Adresser des vœux au Ciel.
Veux.	Je veux, tu veux, il veut.
Voie.	Une voie de bois; se frayer une voie agréable.

Voix.	Elle a une jolie voix.
Vois.	Je vois, tu vois, il voit.
Vu.	J'ai vu.
Vue.	Avez-vous une bonne vue?

Quelques personnes ayant trouvé les fautes des Exercices suivans tellement grossières, qu'elles regardaient comme impossible de pouvoir y tomber, je leur montrai plusieurs dictées d'élèves, pour les convaincre qu'il se commet des fautes au moins aussi graves.

Afin de prévenir de pareilles objections, j'ai cru devoir insérer ici les deux dictées suivantes.

PREMIERE.

Vous enterez dans un chardin : qui voyé-vous ? La rose purpirine, l'oiyet audoran, la pêche fermeile, une au fujitive, une préri emayer, un mur elver, des arbres nein, un chardinier laborier, une chardiniere alleite, des marmeaux eveyers. Les mot rose, oeyes, peche, eaux, preyeri, arbre, exprime des chose ou des substance innalimer. Les mots chardinier, chardiniere, marmaux, exprime des hêtres ou des soupstence alimé. Hor, tout mot qui exprime une soupstence animer ou inanimer, un hêtre ou une chose, se nome soupstantif.

DEUXIEME.

Le comerse, dans ces raport avec la jurisprudence, peut aitre définit lé chenge que les hommes font entre eux des divers produxion maubilière de la nature ou de l'aindustry. Le drois comersial conciste : premierement, dans les lois spessialement destiné soit a reglé la forme et l'effet des transaxion dont le commerse ce qompose, soit a determiner les aubligation particuliere auquel sont asugeti seux qui en font leur profession. Dexiemement, dans les prinsipes du droit comun, appliquer, au temps que le permet la nature des chauses, a ses même transaction, lorsque les lois spesiale non rien determiner.

Ces deux copies, dont l'une, à la vérité, est d'un étranger, devant suffire, je me dispenserai d'en produire davantage.

DEUXIÈME PARTIE.

RÈGLES DE GRAMMAIRE.

EXERCICE Ier.

L'article, l'adjectif, le pronom, s'accordent toujours en nombre et en genre avec le nom auquel ils se rapportent.

Les jeunes gens sont ordinairement vain, léger, prodigue, présomptueux et violent; les vieillards au contraire sont prudent, économe, et même défiant.

Il y a des hommes plaisant, enjouée, agréable en sociétés; mais il en est aussi de sombre, chagrin et maussade.

On reproche aux femmes d'être légère, babillarde, présomptueuse; mais les hommes sont-ils exempt de ces défauts?

Les bonnes nourrices doivent être sobre, chastes et douce.

L'hypocrisie est le fard des vertus; elles les corrompt, elles les détruit.

Un homme (Cromwel) s'est rencontré d'une profondeur d'esprit incroyables : hypocrite raffinés autant qu'habile politique, capables de tout entreprendre et de tout cacher, également actifs et infatigables dans la paix et dans la guerre, qui ne laissait rien à la fortune de ce qu'ils pouvait lui ôter par conseil et par prévoyance; mais du reste, si vigilans et si prêt à tout, qu'ils n'a jamais manqué les occasions qu'elles lui a présentées; enfin un de ces esprits remuans et audacieux qui semblent être nés pour changer le monde.

J'exigerais de ceux qui vont contre le train commun et les grandes règles, qu'ils sussent plus que les autre, et qu'il eussent des raisons claire et de ces argument qui emportent conviction.

Il y a des hommes épris du gain et de l'intérêt comme les belles âmes le sont de la gloire et de la vertu; capable d'une seules volupté, qui est celles d'acquérir ou de ne point perdre; curieux et avide du denier dix, uniquement occupé de leurs débiteur, toujours inquiet sur le rabais ou le décri des monnaie, enfoncé et comme abîmé dans les contrats, les titre et les parchemin : de tel personnages n'ont ni parents ni amis; ils ne sont ni citoyen ni chrétien, ils ont de l'argent.

EXERCICE II.

Après une préposition ou un verbe, le verbe est à l'infinitif.

Une grande réputation est un gros patrimoine que des dépenses inconsidérés peuven dissipé. Il est permis tout au plus de dépensé son revenu, mais jamais d'en risqué le fond.

Il faudrai gouverné la fortune comme la santés, en jouirent quand elles es bonnes.

L'on voi des homme tomber d'une haute fortune par les mêmes défaut qui les y avait fait monté.

C'est rusticité que de donné de mauvais grâce; le plus rude et le plus pénible est de donné : que coûte-t-il d'y ajouter un sourire?

Pour réparé la perte du temps passé, il fau bien employé le temps présent, et ne souhaité l'avenir que pour en faire un bon usage.

Il y a plus de gloire à mérité une couronne qua la porté.

Les petits se plaise à servirent les grand, à les honorer, à leur obéirent,

Il ne faut pas décidé légèrement sur les ouvrage des ancien.

EXERCICE III.

Le son nasal (2) *.

LA modestie est au mérite ce que les onbre sont aux figure dans um tableau.

Il me semble que l'esprit de politesse est une certaine attentiom à faire que, par nos parole et par nos manières, les autre soit comtemt de nous et d'eux-même.

Conbien de belle et inutile raison à étalé à celui qui es dans une gramde adversité, pour essayé de le rendre tranquille! Les choses de dehors, qu'on appelles les événements son quelquefois plus forte que la nature et la raisom.

Si l'on feint quelquefois de ne pas se souvenir de certains noms que l'on croit obscurs, et si on affectent de les corrompres en les pronomçant, c'est par la bonne opinions qu'on a du siem.

Si vous n'avés rien oublié pour votres fortune, quel travail! si vou avé négliger quelque chose, quel repentir!

* Ce numéro, ainsi que les suivans, renvoient aux numéros de la première partie.

Ce qui disculpe le fat anbitieux de son anbi-tiom, est le soin que l'on premd, s'il a fait une grande fortune, de lui trouvé un mérites qu'ils n'as jas jamais eu, et aussi grands qu'ils croit l'a-voir.

S'il est vrai que l'on soient riches de tout ce domt on n'a pas besoin, un homme fort riches, c'es un homme sages.

S'il es vrai que l'on soi pauvre par toutes les choses que l'on désirent, l'ambitieux et l'avares languisse dams une extrême pauvreté.

EXERCICE IV.

Le son an (3).

Le Ciel permit qu'un saule se trouvât,
Dont le bremchage, après Dieu, le sauva.

Dieu fait triomphé l'innocence :
Chantons, célébron sa puissances.

Ils a vu contre nous les méchent s'assemblé,
Et notre samg prêt à coulé.

Comme l'eau sur la terre ils allais le répendre.
Du haut du ciels sa voix s'es fait entandre.

Quoi ! fille d'Abraham, une crainte mortel semble déja vous faire chencelèrent !

Le bonheur des méchants comme un torrens s'écoules.

Madame, pardonnez si j'osent le défandres;
Le zèle de Joad n'as point dû vous surprandre.

Au bonheur des méchents qu'un autres porte envie.

Voici le temps, seigneur, où vous devez attandres
Le fruit de tant de sang qu'on vou a vu répendres.

On ne priment point avec les grand, il se défandes par leur grandeur; ni avec les petits, ils vous repousse par le qui-vive.

On s'accoutume difficilemant à une vie qui se passent dans une antichenbre, dans des cours, ou sur l'escalier.

Vous êtes homme de bien, vous ne songé ni a plairent ni a déplaires aux favoris; uniquement attaché à votres maître, vous ete perdu.

On servit un repas chenpêtres sur les bord de l'île, et l'on entandi dans les bois voisins une voix douce et flexibles dont les accent enchenteur ravire d'extase tout les convive.

C'es pour le coup qu'il faut se croire heureux, en bechent son jardin.

En le livrent à la pitié des hommes, on as commencé par lui crevé les yeux.

Il a fallu céder au peuple; mais, en me randent la libertés, on m'a priver de la lumière.

EXERCICE V.

Le son in (4).

Attendez la disgrace avant que de vous plindre;
Vou commencé vos maux en commencent à creindres.

Une seconde fois, n'est-il aucune voie
Par où je puissent à Rome emporté quelque joie?

Elle serais extrêmes à trouver les moyins
De randre un si grands homme à ses concitoyains.

Sur ce vaste sujet si j'allait tout t acé,
Tu verrais sous ma mein des tôme s'amassé.

Dans le sexe j'ai paint la piete caustiques.

Dans le temple aussitôt le prélat, plaîn de gloire,
Va gouté les doux fruit de sa sainte victoire;
Et de leur vein projet les chanoine puni,
S'en retourne chez eux éperdu et béni.
Des chentres désormais la brigade timides
S'écartes, et du palais regagnent les chemains.
Telle à l'aspect d'un loups, terreur des chemps voisens,
Fui d'agneau effrayé une troupe bêlantes.
Mais sa voix s'échappent au travers des sanglots,
Dans sa bouche à la fen fits passage à ces mot :
 Ami lui dit le chentres, encor pâle d'horreur,
N'ensulte point, de grâce, à ma juste terreur;
Mêles plutôt ici tes soupir à mes pleintes,
Et trembles en écoutent le sujets de mes crintes.

La colère à l'instant succedent à la crinte,
Ils rallument le feu de leur bougie étinte.

Comment nommerai-je cette sortes de gens qui ne sont fains que pour les sots? Je sai du moins que les habile les confonde avec ceux qu'il save trompés.

On convie, on ainvites, on offres sa maison, sa tables, son biin, et ses service; rien ne coûte qu'a tenir parole.

DES VOYELLES.

EXERCICE VI.

Le son a (5).

Que le préla surpris d'un changements si prompt,
Apprennen la vengeance aussitôt que l'affront.

Le sena avait approuver les loi par un décret; le peuple satisfaits les confirmat.

On rétablit le tribuna et le droit d'appel au peuple; on aboli le decemvira.

Une campagne de vingt ou trente jour épuisaient les ressource du solda.

Un tribum accusat Camille de s'etres approprier une partie du butin.

Qui considérerat que le visage du primce fais toute la félicité du courtisam; qu'il s'occupe à se remplir, pendant toutes sa vie, de le voir et d'en êtres vu, comprendrat un peu comment voir Dieu peu faires toute la gloires et tous le bonheur des saints.

Ses parent le destinais à la professions d'avoca.

Tout ce qui lui paraîtrat glorieux deviendra légitimes.

Il troubleras la paix de l'univers.

Souffrons patiamment les maux que nous ne pouvont enpêché.

Ce fait est arrivé reçamment; la suite pourrat devenir funeste.

Il parvin de bonne heure à l'episcopa, et employa une partie de son patrimoine à soulagé les pauvre.

Vous avez établit des principes, agissé donc conséquamment.

La Providence éclate aussi puissemment dans les petite choses que dans les grande.

Un sage philosophe a di éloquammant :
Dans tout ce que tu fait, hâte-toi lentement.

L'âme trouve en elles-même ce qui peux la faires vivient excellamment.

EXERCICE VII.

Le son é (6).

LES jardinié on taille les cerisié qui était dans le jardin.

C'est principalement dans l'adversitées que l'on reconnai la véritables amitier.

Ce que les homme ont nommé amitier, n'est qu'une société, qu'un ménagement réciproques d'intérêt, et qu'un échenge de bons offices.

Il y a de belle chose qui on plus décla quand elles demeure imparfaite, que quand elle son achevées.

Notre aviditée nous troubles souvent en nou faisent courir à tant de chose à la fois, que, pour désiré trop les moins inportamtes, on manque les plus considérable.

Je ne sais, pour moi, de quel maladie nou guérisse les médecins; mais je sais qu'ils nous en donne de biens funeste, la lâchetée, la pusillanimitée, la crédulitées, la terreur de la mort.

Le tonnelié a descendu le vein à la cave.

L'armée française a faits trois mille prisonnié.

Il y a deux sorte de curiositée : l'une d'intérêt, qui nous portent à désiré d'apprandre ce qui nou peus être utile; et l'autre d'orgueil, qui vien du désir de savoir ce que les autre ignore.

La félicitées est dans le goût, et non pas dans les chose.

La pitiée est un sentiment de nos propre mau.

Il y a des action de piétée qui paraisse méprisable au yeu des homme, et qui son d'un grands prix devant Dieu.

Le maronnié d'Inde produit un frui amere.

Donne une assietté de fraise a cette petite qui as si bien chanter.

Le charretié pourrat se présenté à la chembres des commissaires, pour y recevoirs un laissez passer, afin de conduire au prochin camtonnement la charreté de foin qu'on lui a livrée.

EXERCICE VIII.

Le son i (8).

Une plui abondante inondat les chemps; les abricotié fure dépouillées de leur fleurs; le jardinier se vi en un moment enlever l'espoir qu'il avait conçu d'une récolte complète.

Entre tout les divertisseman que le monde a

Nota. Pour les finales des primitifs, consultez les composés.

inventés, il n'y en a point qui soit plus à crindres que la comedi.

La jalousi est le plus grands de touts les maux, et celui qui fait le moins de pitier aux personne qui le cause.

La railleri est plus difficiles à supporté que les ainjures, parce qu'il es dans l'ordre de se faché des enjures, et que c'est un espèce de ridiculitée de se fache de la railleri.

L'aintention de ne jamais employé la surpercheri nous exposent à être souvent tronpé.

Salomon renvoi le paresseux à la fourmie.

L'hypocrisi est un hommage que le vice rand à la vertus.

Le lièvre et la perdrie, concitoyens d'un chemp, vivait dans un éta, ce senble, assez tranquille.

Une sourie tombat du bec d'un chat-huant.

Grace au ciel, je passes les nuies sans chagren, quoiqu'en solitude.

Tous les jour il avait l'œil au guêt; et la nuit, si quelque chat faisait du bruit, le chat prenois l'argent.

Un petit grin de foli plaît dans la conversation.

En achevent sa chenson, elle était arrivée au ruissau des palmiés.

Elle paraissai accablée d'un chagren profont.

Elles aperçure une bergère qui leur était enconnu.

Si nous ne nous flattion nou même, la flatteri des autres ne pourraient nous nuirent.

EXERCICE IX.

Le son o (8).

QUAND on ne trouvent pas son repo en soi-même, il est inutiles de le cherché ailleurs.

Sans doute qu'à la foire ils von vandre sa pau.
Parbleu! di le meunié, es bien fou du cervau
Qui prétans contenté tout le mondes et son péres.

Un homme qui s'aimaient, sans avoir de riveau,
Passait dans son esprit pour le plus beau du monde:
Il accusai toujours les miroir d'être feaux.

Antisthène, continuez d'écrire; ne verron nou jamais de vous un in-foliot?

Il n'y a poins de sods si eincommode que ceu qui ont de l'esprit.

Avant de monter dans un fiacre, il es prudent d'en prendre le numérau.

Les dévos de profession qui, sans une grande nécessité, ont commerce dans le monde, doive être fort suspectes.

Il y a des feaussetées déguisé qui représente si

bien la véritée, que ce serait mal jugé que de ne pas s'y laissé tronpé.

La philosophis trionphent aiséman des meaux passé et des meaux à venir; mais les meaux présents triomphe d'elle.

Comment ne l'aurait-il pas surpasser? Ses cheveau allait au grand galo, tandis que ceux du comte pouvait à peine marché au treau.

On parle avec bien de l'avantage de ce concert. Les sieurs Lambert et Duval y ont chanter un bien beau duot, et Lefevre a exécuté un solot de sa composition, qui prouve combien cet artiste est au-dessus de ses riveaux.

Lorsque vous iré au chatau, enporté avec vous un chapau, des coutos; et, si les abricos sont mûres, vous m'en emverré.

La voiture a fait de violent cahos quand nous sommes partis pour la Chempagne.

EXERCICE X.

Le son u final (9).

QUAND nous négligeon notres salu, ce n'es point la charitée qui nous fais travaillez à celui des autres.

C'est une louables adresse de faire recevoir douceman un refu par des parole civiles, qui répares le déficit du bien qu'on ne peux accordez.

Toute proposition est composée d'un sujet, d'un verbe, et d'un attribu.

Il n'est pas de gouvernement sans abu.

Vous choisités les plus beaux abrico, et vous mettrés les autre au rebu.

Ne manqué pas de m'écrires sitôt la présente reçut.

On verrat que la vraie et l'uniques méthode est de conduire un élève du connut à l'inconnut.

Les corps ne son figuré, mobile, etc., que parce qu'ils son étenduts : l'étendut est donc la propriétée qui les distinguent.

Et quel âme, dit moi, ne serais éperdut
Du coup dont ma raison vien d'êtes confondut !

C'était peu, dans l'antiquitée, d'élevé des statu aux héros; on les mettaient au nombre des Dieux.

Les vertues ne son le plus souvan que des vice déguisées.

Un beau-père aime son gendre, aime sa brue; une belle-mère aimes son gendre, n'aime pas sa brue : tout est réciproque.

Après les avoir vaincus il leur einposat un tribus.

Il n'avai plus pour moi cet ardeur assidu
Lorsqu'ils passais les jours attaché sur ma vue.

Il n'y a point un meilleur moyin de venger l'épiscopas des outrages que lui faits l'impiétée, qu'en se montrent doux et humble de cœur.

Tu dira demain où tu veux que je te fasses renmener.

ORTHOGRAPHE DES CONSONNES.

EXERCICE XI.

C et *D* (10) (11).

Soyé plutôt maçon, si c'est votre métié.

Les grants vive presque toujours sans réflexion : cependant ils son plus obligé que les autre de rentrer souvent en eu même.

Cet homme joignaient unes morale douce à un profont savoir.

Un acteur marchant sur le bout des pieds pour représenté le grand Agamemnon, on lui cria qu'il le faisais un homme grand, et non pas un grand homme.

Un homme galand peux n'être pas un galand hommes.

Les peuples voisins paraissent être parfaitement d'accort.

Le bonheur le plus gran, le plus digne d'envi,
Est celui d'être utile et cher à sa patri.

EXERCICE XII.

F (12).

Ce ne doit pas être un motife d'intérêt qui nous portent à faire le bien.

Cet objet néanmoins n'eut aucun pouvoir sur la dureté des Juifes.

Il suivaits tout pensife le chemin de Mycène.

Son enfans parais être extrememan craintife.

Voici l'instant decisife arrivées.

Comment n'aurait-il pas réussi dans ses entreprises, ayant un caractère aussi actife ?

Des héro de roment fuyé les petitesse :

Toutefois aux grands cœurs donnez quelques faiblesses.

Là, pour nou enchanté tout est mis en usage.

On peuts être à la fois et pompeux et plaisand,
Et je hais un sublime ennuyeux et pesan.

Le souverain pontife s'avançat avec gravitée.

EXERCICE XIII.

G et *J* (13) (14) 15).

Venez, comblés de mes louanje,
Du besoin d'aimé Dieu désabusé les anjes.

Il est aisé d'être jénéreux quand on est le plus for.

Il m'a dit que ce théolojien étais le dernié des homme; que si sa sociétée avais à être faché, ce n'étais pas de mon ouvraje, mais de ce que des jens osais dirent que cet ouvraje étaient fais contre les Jésuites.

Il n'y a rien de jéné, et tout y parais libre et orijinale.

Je me suis imajiné que je vous entretenai dans votres gardin.

Voilà donc monsieur Despréaux gustifies selon vous-meme.

Je n'ai gamais rien lu qui m'ait fait un si grant plaisir; et, quelques ingures que ce galand homme m'ait dites, je ne saurais plus lui en vouloir de mal, puisqu'elle m'on attire une si honorable apoloji.

Un gugement comme perception, et un gujement comme affirmation, ne sont donc qu'une même opération de l'esprit.

C'est donc à l'usage des mots que vous devé le pouvoir de comsidérer vos idées chacune en elle-même, et de les conparé les une avec les autre pour en découvrir les rapport.

J'ai peur que les lecteur ne rougisse pour moi de me voir réfuté de si étranje raisonnement.

Veillé à son passaje, et dite-lui qu'un ami l'attand dans le lieu où il doit se randre.

Nous répomdîme que chacun de nou était occupé au dur traveaux des chemps ou des soins du ménaje.

Ah! dit Bélisaire à ces bonnes jens, me trouvé-vous encore à plindre.

Il me soulaje dans mes traveaux.

EXERCICE XIV.

Q (16).

Il n'y a qe les petits esprits qi ne peuves souffrir q'on leur reprochent leur ignorance.

Le mal que nous faison ne nou attirent pas tant de persécutions et de haine que nos bonnes qalités.

Les qerelle ne durerois pas long-temps, si le tort n'était qe d'un côté.

La véritable éloqence est celle du bon sens simple et naturelles.

Tandis qe le père lui tenai ce langaje, le fils le regardais d'un air pensifes.

Il y a plus de défauts dans l'humeur que dans l'esprit.

EXERCICE XV.

S (17).

JOUISSEZ du pressent, mais n'en abusé pas.

La faveur met l'homme au-dessus de ses égeaux, et sa chute au-dessous.

L'on di à la cour du biin de quelqu'un, pour deux raisons : la première, afin qu'il apprennent que nous disons du bien de lui; la seconde, afin qu'il en disses de nou.

L'on vois des homme tonbé d'une hautes fortune par les même défaut qi les y avait fait monté.

Il est aussi dangereu à la cour de fairent les avances, qu'il es enbarassant de ne les point faires.

Tout le monde se plint de sa mémoire, et personne ne se pleint de son gujeman.

Il est inposible de paindre les accueils flatteurs qu'on lui fis lorsqu'il entrat dans ses états.

C'est là que de sa tonbe il rappelat sa vie.

EXERCICE XVI.

Finales en anse (18) (22).

Nous croyon souvent avoir de la constanse dans les malheurs, lorsque nous n'avons que de l'abattement.

Cette clemanse dont ont fais une vertus, se pratiquent tantôt par vanitée, quelquefois par parese, souvent par crinte, et presque toujours par tout les trois ensemble.

Tibère faisais vanitée de la patianse avec laquel il supportait certaines libertées qu'on prenaient à son égard.

L'étude et la recherche de la vérité ne sert souvant qu'à nous faire voir par expériense l'ignoranse qui nous est naturelle.

Il y a une ainconstanse qui vient de la legeretée de l'esprit ou de sa faiblesses.

L'espéranse entretien la reconnaissanse.

La flatterie est une fausses monnaie qi n'a de cours que par notre vanitée.

EXERCICE XVII.

Finales en eure *ou* eur (23).

Le bonheure ou le malheure vont d'ordinaire a ceux qui on le plus de l'un ou de l'autres.

L'honeure acqui es caution de celui qu'on doi acquérir.

Le caprice de notres humeure est encore plus bisarres qe celui de la fortune.

Presque tout les malheure de la vie vienne des fausses idée que l'on se forment sur tout ce qui se passes.

Toute les passion ne son autre chose que les divers degrés de la chaleure et de la froïdeure du sang.

La trop grande faveure auprès des roi n'est pas sûre.

La sagese est à l'âme ce que la santée est au corps.

L'encrédulitée de l'esprit vien presque toujours de la corruption du cœure. On ne peux se résoudres à croire ce qui fais violense à la nature.

EXERCICE XVIII.

Finales en ir *ou en* ire (24).

L'HOMME croits souvan se conduir, lorsqu'il est condui.

Notre défianse justifi la tromperi d'autrui.

Il y a bien des personne qui aime les livres comme des meuble, plus pour paré et enbellire leurs maisons, qe pour orné et emrichire leur esprit.

La necessitée de mourire faisais toutes la constance des philosophe.

On aime mieux dir du mal de soi-mêmes que de n'en pas parlé du tout.

On ne ferais pas tant de cas de la réputation, si on faisais réflexion sur l'enjustice des hommes à l'établire ou à la détruir.

EXERCICE XIX.

Finales en oir *ou* oire (26).

LA gloir des grans homme se doi toujours mesuré aux moyins dont il se son servis pour l'acquérire.

On nous dépains Mucien comme s'abandonnant aux plaisits quand il en avaient le loisir, et, quand il était nécessaires, faisent tres-biin son devoire.

Son miroire lui disai : Prené vite un mari.

Le cheval s'aperçu qu'il avais fais folis ;
Mais il n'était plus temps. Déjà son écuris
Etait prête et toute bâtit.

Mais, parle, raisonnons : quand du matin au soire,
Chez moi, poussent la bèche, ou portent l'arrosoire.

Ainsi que ce cousaîn des quatre fils Aimon,
Dont tu lit quelquefois la merveilleuse histoir,
Je rumine, en marchant, quelqu'endroit du grimoir.

EXERCICE XX.

Finales en our *ou* oure (28).

L'AMOURE de Dieu n'exclus pas la crintes de ses gujeman ; plus on l'aimes, et plus on creint d'etrent à gamais séparer de lui.

La coure est comme un édifice bâti de marbre ; je veux dir qu'elle est composée d'homme fort dur, mais fort poli.

Les erreures on quelquefois un aussi long coure dans le monde que les opinions les plus véritable.

Le magistra, des loi enprunta le secoure ;
Et, rendant par édit les poètes plus saje,
Défandi de marqué les noms et les visage.

Mais attendan qu'ici le bon sens de retoure,
Ramene trionphans ses ouvrages au joure,
La Comédi appri a rire sans aigreure ;
Sans fiel et sans venin sut enstruir et reprandre ;
Et plus innoçamen, dans les vers de Ménandre,
Chacun, pint avec art dans ce nouveau miroire,
S'y vit avec plaisir, ou cru ne s'y point voir.

EXERCICE XXI.

Finales en once (29).

On a faits au spectacle l'annonse d'une piece nouvelle.

Ce perruquié superbe est l'effroi du quartié
Et son couraje est pin sur son visaje altié.

Que le préla surpris d'un changeman si pronpt,
Apprennent la vengance aussi bien que l'affront.

On vit arrivé le Nonse du Pape, et chacun se questionnait pour s'informé du sujet de son voyage.

Sous un onbrage épai, assit près d'un ruisseau.

Les labyrenthes d'un cervau l'occupait.

Le médecin lui ordonnat de prendre deux onses de manne, et il se trouvat soulajé quelque temps après.

Les vertues se perde dans l'intérêt, comme les fleuve se perdes dans la mer.

La confianse fournit plus à la conversation qu'a l'esprit.

EXERCICE XXII.

Finales en assion, ession, ission, ossion, ussion (30).

Il y a peut de choses enposible d'elle-mêmes ; et l'applicassion pour les fairent réussire nous manquent plus que les moyen.

L'intrépiditée doit soutenir le cœur dans les congurassion.

La gustice, dans les juges qui son modéré, n'es que l'amoure de leur élevassion.

Nous ne louont ordinairemant de bon cœure que ceux qui nous admires.

L'affectassions es aussi insupportable aux autre; qu'elles es penibles à celui qui s'en sers.

Moins on cherchent la réputassions, plus on en acquierts.

La modérassion ne peux avoir le mérite de combattres l'anbission et de la soumettre ; elles ne se trouve jamais emsenble.

Un petit grin de foli plais dans la conversassion.

Toute devossions es fausse, qui n'es point fondée sur l'humilité chrétienne et la charitée envers le prochin.

Il y a une révolussion générale qui cherye le goût des esprits aussi bien que les fortunes du monde.

Il es très-rare que la raison guérissent les pation : une pation se gueri par une autre.

La persévérance n'est digue ni de blâme ni de louanje, parce qu'elle n'est que la durée des goûts et des sentiments qu'on ne s'otes et qu'on ne se donnent point.

La superstission sembles n'être autre chose qu'une crinte mal reglé de la Divinitée.

Qui d't le peuple, dit plus d'une chose : c'est une vaste expietion; et l'on s'étonnerais de voir ce qu'elle enbrassent, et jusqu'où elle s'étand.

La condission de comédiins étois infâme chez les Romins, et honorable chez les Grecs.

Avant que de désirez forteman une chose, il faut examiner quelle es le bonheure de celui qui la possedes.

EXERCICE XXIII.

L (54) (55).

NOTRE orgueille s'augmentent souvent de ce que nous retrenchons de nos autres défauts.

Là il tient le fauteuille chez Aricie, où il risques chaque soire cinq pistoles d'or.

Le soleille sans nuaje en ce charmant lointin,
Ne m'a gamais semblé si bau que ce matin.

Les grants se piques d'ouvrire une allée dans une forêt, de soutenire des terres par de longues murails, de doré des plafonds, de faire venir dix pouces d'eau, de meublé une orangerie; mais de rendre un cœur content, de combler une âme de joie, de prevenire d'extrêmes besoins, ou d'y remédiez, leur curiositée ne s'étand pas jusque là.

Il y a dans les cours des apparissions de jens aventuriés et hardi, d'un caractère libre et familiés, qui se produise eux-mêmes.

Cieux, écoutez ma voix Terre, prête l'oeil.

EXERCICE XXIV.

Adjectifs terminés en eu (82).

NOUS nous tourmenton moins pour devenir

heureux, que pour faire croire que nous le somme.

Le plũs heureu temps de l'hommes ambissieu, est celui où il reussis à son gré.

Il est naturelle aux homme d'être curieus.

Il est aussi honnête d'être gloiieu avec soi-même, qu'il est ridicules de l'être avec les autre.

Peu de jens save être vieus.

Le peuple souvent a le plaisir de la tragedi : il voit périre sur le théâtre du monde les personnaje les plus odieu, qui on fai le plus de mal, dans diverses scènes, et qu'il a le plus haïs.

Dans l'éducation des jeune jeu, on doit avoir pour but de leurs polire l'esprit, et de les disposé ainsi à remplire dignement les différente place qui leurs sont destinées; mais surtout on doi leurs apprendres le culte religieu que Dieux exigent d'eux.

Dieux! quels ruisseaux de san coules autour de moi!

RÉDUPLICATION DES CONSONNES.

EXERCICE XXV.

C'es une louables adresse de faire recevoir douceman un reffus par des paroles civiles, qui reparen le déffaut du bien qu'on ne peux accordés.

Notre reppentir n'es pas tant un reggret du mal que nous avons fais, qu'une crinte de celui qi peux nous en arrivez.

Quand on ne trouvent pas son reppos en soi-même, il est inutile de le chercher ailleurs.

On es d'ordinaire plus meddisant par vanitée que par malice.

Tout le monde se plins de sa memmoire, et personnes ne se plint de son jugemant.

On est quelquefois un so avec de l'esprit; mais on ne l'est gamais avec du gugement.

Après trois jour de comba, le chenp de batail était restée au pouvoire des Français.

EXERCICE XXVI.

B (42).

Le desir de paraîtrent habbiles enpêches souvent de le devennire.

Les habbitudes de la vieillesses ne son pas de moindres obbstacle pour le salu que les pations de la jeunesses.

Plusieurs autre saint personnaje illustrères dans les Gaule, l'episcopa et la doctrine chretienne.

Ce qu'il inportes d'observé ici, c'es qu'avant

l'établissemant de la monarchis, les pape commençait à étandre leur autorité sur l'Eglise gallicane; et le clergé en général a étandu ses droits et sa puissances sur le civil.

L'imtention de ne gamais trompé nous exposent a être souvent tromper.

Il y a des repproches qui loue, et des louanjes qui médises.

Les chasseures ont tué beaucoup de gibbier.

Les jeunes gens ne sauraient trop éviter la compagni des débbauchés.

EXERCICE XXVII.

C (43).

Le roi a favorablement accueilli sa demande.

Tout le monde s'accorde à dire que ce jeune acteur laisse entrevoir les plus heureuses disposissions.

L'abaye qu'il désirais lui a été acordé.

Il faut, dit-on, saisire l'ocasion aux cheveux.

S'ocuper, c'est savoir jouire; l'oisivetée pèse et tourmentes.

Il est abandonnez des plus savans oculiste.

Les Juifs célèbbrent religieuseman le jour du sabat, et ont un grant respecque pour leurs docteurs, qu'ils appelle Rabin.

On s'accoutume à la laideur.

Les ocasions nous font connaître aux autre, et encore plus à nous-même.

La parfaites valeures es de fairent sans temmoins ce qu'on serais capabble devant tous le móndes.

EXERCICE XXVIII.

D (44).

ADDONNEZ-VOUS sérieusement à l'étuddes.

On nous annonces comme certaines la redition de cette place. Les Francais ne tarderons pas à se randres maîtres de la citaddelles.

Il n'y a pour l'homme que trois évenemment, naîtres, vivre, et mourir. Il ne se sent pas naîtrent; il souffre à mourire, et il oublis à vivrent.

On nous a présentés la liste des candiddat, à laquelle on a fait une adition considderrables.

S'il y a des hommes don le riddicule n'as jamais paru, c'es qu'on ne l'as jamais bien chercher.

Quand je choisis un avocat, je cherchent le plus habbile; quand j'ai besoin d'un meddeçen, je fais venir le plus expérrimenté; et quand je souhaites de faires un ami, je jettes les yeux sur celui qui me parais le plus désimtéressé.

EXERCICE XXIX.

F (45) (46).

On as souvent plus d'envi de passer pour oficieu, que de réussire dans les ofice; et souvent on aiment mieux pouvoir dir à ses ami qu'on a bien fait pour eux, que de bien fairent en effet.

L'afectassion es ausi emsupportablent aux autre, qu'elle es pénibbles à celui qui s'en sers.

On fait plus de cas des homme, quand on ne connais point jusqu'où peux allé leur sufisance.

Les véritable mortifficassion son celle qui ne sons pas connu. La vanitée rend les autre facile a souffrire. Chaque homme n'est pas plus différent des autres homme, qu'il l'es souvent de lui-mêmes.

Les hommes et les afaires on leur point de perspective.

Pour raillez sans ofenser personne, il fau beaucoup d'esprit et de politesse.

Pour parlé juste, il ne faut pas moins travaillé à former son jugeman qu'à apprandre sa langue.

EXERCICE XXIX.

G (47).

Sa sentence lui a été signiffiée.

La grâces qu'il as demanddée lui a été réffusée.

J'ai employé tous les moyiins que mon imaginassion m'as sugérés.

En voulant se gustiffiés, il a agravez sont crime.

Vous devez employez toutes votre intelliganse pour aggrandire votre domaines.

Nous devon prefférer l'utile à l'aggréable.

Ne devont-nous pas quelques defférences aux observassions des vieillard ?

Nous somme toujours enclin à blamé l'agresseur.

Vous regretterés le temps que vous avés perdu dans votre jeunesse.

La question est dificile à résoudrent.

Le soleil viviffie les plante.

Si vous vous proposé, vous obtiendrés la prefférence.

EXERCICE XXX.

L (48) (49).

Voyez l'article de la *Réduplication des consonnes*, pag. 30.

ÉVITÉS de lui rappelé des fait qui renouvelerais ses chagrains.

Le Français affrontent les plus grand dangés quand la gloire l'appèle.

Les fleures artificiele que vous m'avé envoyées me plaise plus que les naturels.

En vain ils appelera les troupe à son secours.

Heureuse mille fois, si ma douleure mortelle,
Dans la nuit du tombau m'eût plongée avec elle !

Et la laine et la soie, en cent façon nouvele,
Apprire à quitté leur couleure naturel.

Atlas reçu de Jupiter l'ordre de porté le ciel sur ses épaule.

L'usage des pendulles s'est beaucoup multiplie depuis quelque anné.

Il a été fait des recherches scruppulleuse dans ses papié; il est résulté que les preuve des dilapidation qu'on lui reprochaient se sont trouvé nules.

Un cri doullouleu a frappe nos oreils.

La doulleure du corps es le seule mal de la vie que la raison ne peut guérire ni affaiblire.

Rome, par une lois qui ne se peux changé,
N'admet avec son san aucun san étranje,
Et ne reconnais point les fruits iléjitimes
Qui naisse d un hymen contraire à ses maxime.

Ah ! que sous de beaux noms cette gloire est cruéle!
Combien mes tristes yeux la trouverai plus belles!

Jamais mon cœur de plus de feux ne se senti brullé.

.... Votre rivalle en pleurs,
Viens à vos pied sans doute apporté ses doulleurs.

L'humillitée n'est souvant qu'une feinte soumition dont on se ser pour soumettres les autre : c'est un artiffice de l'orgueille qui s'abaisse pour s'élevé; et, bien qu'il se transforment en mille manières, il n'est jamais mieux degguiser et plus capables de tronpés, que lorsqu'il se cache sous le non de l'humillitée.

Le bonheur des mechen comme un torrent s'écoulle.

Si il y a des homme dont le ridicullle na jamais paru, c'es qu'on ne l'a pas bien chercher.

EXERCICE XXXI.

M (36).

Voyez l'article de la *Réduplication des consonnes*, pag. 31.

SOUFFRONS patiamant les meaux que nous ne pouvon empechés.

Un saje philosophe as dis éloquaman :
Dans tou ce que tu fait, hâtes-toi lentemant.

Quelques crimme tougours précèdes les grants crimme.
Quiconque a pue franchire les borne léjitimme,
Peu violé enfin les droits les plus sacré.
Insi que la vertue le crimme a ses degré;
Et gamais on n'a vus la timmiddes inocense,
Passer subbitemmen à l'extrême licence.

Alles, et laissez-moi quelque fidèle guidde
Qui conduisent vers vou ma démarches timide.

Ammi, peut-tu penser que d'un zèle frivoles
Je me laisse aveuglez pour une vaine idole?

Il y a des rechutes dans les maladies de l'amme comme dans celle du corps.

Il ne faut pas regardez quel bien nous fais un ammi, mais seulemment le dessir qu'il a de nous en fairent.

EXERCICE XXXII.

N (60).

Voyez la Réduplication des consonnes, p. 32.

La cause de presque tous les faux raisonnemant est que l'on n'emvisaje qu'une partie de la question; pour raisonner juste, il faut la concevoir dans toutes son étandu.

Un jour seule ne fais point d'un mortelle vertueus,
Un perfidde assassin, un lâche incestueus.

Elevés dans le sein d'une chaste heroinnes,
Je n'ai point de son san démenti l'orijinne,
Voyons-là, puisqu'insi mon devoir me l'ordonne.

Qu'entends je? Quels conseilles oses-t-on me doné?
Ainsi donc jusqu'au bout tu veus m'enpoisonné!

La Fortunne ne parais gamais si aveugles qu'à ceux à qui elle ne fait pas de bien.

Il le trouva assis, auprès des deux jolies musicienes, sous un maronié toufus.

Le Ciel même peut-il reparé les ruinne
De cet arbres seché jusque dans ses racinne?

Athalie étouffa l'enfant mêmes au berçau.
Les mort après huit an sortents-il du tonbau?

EXERCICE XXXIII.

P (64) (65).

Toi, superbe Orbassan, c'es toi que je défi;
Viens mourire de mes mains, ou m'arraché la vie.

Monsieur Lebon, vous ête un frippon.

Quoi! monsieur, j'était votres duppe? Non, madame; mais je n'était pas la votres.

Je vous suplie de faires là-dessus de sérieuses réflexion.

Suposé que Dieu ais fait la même grace à l'auteure de Clélie.

Dans cette disputte entre vous et M. Despréaux, il s'agit non seulement de la défense de la vérité, mais encore des bonnes mœurs et de l'honnêtetée pubblic.

J'ai vivement regretté que l'on ait suprimé ces vers.

EXERCICE XXXIV.

R (66).

Que dis-je? il n'est point mort, puisqu'il respirre en vous.
Le voici. Vers mon cœur tout mon san se retire;
J'oubli, en le voyant, ce que je vient lui dirre.

Cependant un bruit sour veux que le roi respirre.

L'onde approche, se brise, et vomit a nos yeu,
Parmi des flots d'écumme un monstre furieux.

Et peut-il, dirra t elle, en effet, l'exigé?
Elle'a son dirrecteur, c'est à lui d'en jugez.

Il lui fais dans le flanc une larje blessurre.

Le monde, de qui l'âje avanse les ruinne,
Ne peux plus enfanté de ces âmes divinnes.

Votre âme à ce penser de colere murmure;
Allez donc de ce pas en prévenir l'aingurre.

O! que si quelque bruit, par un heureux réveille,
T'annonsois du Lutrin le funeste appareille!

Laissez à des chantre vulgairre,
Le soin d'allé sitôt mérité leur salairre.

EXERCICE XXXV.

S (68).

Assez de jens méprisse le bien, mais peu save le donnez.

La force et la faiblese de l'esprit son mal nommées.

La galanterie de l'esprit est de dirent des chosse flatteusses d'une manière agréablble.

Les défauts de l'esprit augmente, en vieillisant, comme ceux du visaje.

La galoussi est le plus gran de tous les meaux,

et celui qui fais le moins de pitié au personne qui le causes.

Que votre âme et vos mœurs, painte dans vos ouvraje,
N'offre jamais de vous que de noble image.
Ecoute tout le monde; assidu, consultant,
Un fat quelquefois ouvres un avis important.
Fuyez surtout, fuyé ces basses galousi,
Des vulgaux esprit maligne frénésis.

EXERCICE XXXVI.

T (69).

QUELQUE disposission qu'ais le mondes a mal gugé, il fait encore plus souvent grace au faux mérittes, qu'il ne fait ingustice au verritable.

Pouvez-vous souhaitter qu'Andromaque vous aimes?

Eh bien! c'est donc en roi qu'il faut que je vous traittes.
Je ne laiserez point ma victoire imparfaittes.
Vous-même roujirié de ma lâche conduitte;
Vous verrié, à regret, marché à votre suite
Un indigne empereur, sans empire et san cour.

Des coursiés atenttifs le crain s'es hérissé.

La critique est aisé, et l'art es dificile.

Nos meaux nous apprennes a avoir pittier de ceux des autres.

Mais, ô d'un déjeuner, vaine et frivole atente!

Je sauré t'épaigné une chute si vainne.

Pourquoi ne jeterois-il pas dans le fleuve ces papié, preuves manifeste de son crimmes?

Phaéton atelas au char du Soleille ces coursiers fougueus.

EXERCICE XXXVII.

Leur (74).

MAIS en leurs montrent les chose essentielle et nécessaire, on ne négligent pas de leurs apprandre celles qui peuve servir à leurs polir l'esprits et à leurs formez le gujemant. On a imajinés pour cela plusieurs moyens qui, sans les détourné de leurs travaille et de leur exercices ordinaires, les instruise en les divertissent. On leur mets, pour ainsi dirent, à profit leurs heures de récréation; on leur faits faire entre elle, sur leur principeaux devoir, des conversation injénieuse qu'on leurs a conposées, ou qu'elles-mêmes conpose sur-le-chenp; on leurs fais récités par cœur, et déclamé les plus baux emdroit des poète, etc., et cela leur sert surtout à les deffairent de quantité de mauvaise prononciassion qu'elles pourrait avoir apporté de leurs provinces.

EXERCICE XXXVIII.

Ses ou *Ces* (83).

Je hais ses panéjyristes perpétuelles qui on toujours l'encensoire à la min.

Le fleuve roulaient ces eaux avec violense.

De quel air pense-tu que ta saintes verras
D'un spectacles enchenteure la ponpe harmonieuses?
Ses danse, ses héros à voix luxurieuse,
Entandra ses discours sur l'amour seuls roulants,
Ses doucereux Renauds, ces insensés Rolands?

Ses jeunes gens on toujours montre beauçoup de goût pour l'étude.

Que sont devenus ses fameu conquerants que l'homme aveugles mettaient au nombres de ces dieux?

EXERCICE XXXIX.

Ce ou *Se* (73).

Si vous voulez vous former à l'éloquense, lisez Démosthène et Cicéron, se sont les deux plus grants orateurs de l'antiquitée.

La creinte et la houte acconpagne toujours le

mal; se sont les vrais marque qui le font connaîtrent.

Chacun ce dit ami; mais fou qui s'y reposent.

Se livre ne m'a pas coûté trop cher.

Les malades ce flattes toujours.

Se miracle inoui me fit tourné les yeux
Vers la divinité qu'on adores en ses lieux.

EXERCICE XL.

Noms de nombre (81).

Ce grant enpire a le gran Mogol pour souverin. Ses revenu monte tous les ans à deux cents cinquante million d'écus, outre le trésor que ses prédécesseure lui ont laissé, et que l'on faits montez à sept cents cinquantes millions, tant en espèces qu'en pierreries. De l'autre côté, ces dépenses sont très grande. Il entretien constamant trois cents milles homme de cavaleri, outre une armée innombrables d'infanteri. Il paraît, par une listes de son canpement contre les Persan, en mil six cents cinquantes huit, que le Mogol avait alors deux cents seizes milles hommes de cavaleri.

EXERCICE XLI.

Quelque (75).

J'AI rencontré quelque soldat qui couraient, ou pour mieux dire, qui volait au combats.

Quelque richesses que vous ayez, de quelques avantaje que vous jouissiez, vous ne serez point heureux, si vous ne savé réprimez vos passion.

Quelques habiles que vous soyé, quelque éclairé que nous soyons, ne faisons pas un vain étalaje de notre sciences.

Quelques rigoureusement démontrées que vous paraisse vos assertion, nous ne pouvons les approuvé.

Quelques savantes que soit vos sœures, elles ont été surpassées par des démoiselles plus jeune qu'elle.

Vos ressource, quelle qu'elles puisse êtres, ne sont point inépuisable.

EXERCICE XLII.

Tout (77).

VOTRE sœur fut toute étonnée de me voir. Vos

amis furent toutes interdits de la réponce qu'on leurs fit.

Ce chien a les oreille toutes arrachées.

Cet enfant est tombé ; il a les mains toutes éoorchées.

J'ai trouvé vos cousins touts tristes et touts abattus.

Les plus grands philosophes, touts éclairés qu'ils sont, ignore les véritable cause de bien des effets naturel.

La veitu, toute austère qu'elle est, fait gouter de véritables plaisirs.

Cette maison me convient, toute petite qu'elle est.

Loin d'ici ces maximes de la flatterie, que les rois naisse habile, et que leurs âmes priviléjiés sortent des meins de Dieu toute sajes et toute savante.

Quelques jolies que soit ces campagnes, je ne peux m'y plaire.

EXERCICE XLIII.

Demi, demie, nu, nue (78).

SAINT LOUIS porta la couronne d'épines, nus pieds et nus tête.

Veulent-ils m'éblouire par une fainte vainent?

Un mortelle désespoire sur son visage est paint.

Le roi accordat à cette hommes célèbres une audience d'une demie heure.

On vit ces soldats combattres pieds nue.

Quels que soit les richesses que votre épouse vous aient apportées, elles seront bientôt dissipées, si vous ne mené une conduite plus régulières.

Vous chenjé de couleure et semblez interditte.

La bataille a durez une heur et demi; douze cent combattant restère sur la place.

EXERCICE XLIV.

Excepté, supposé, vu, attendu, passé (80).

EXCEPTÉE l'heure que je vous ai donnée, vous ne me trouverez gamais chez moi.

Tout ces fugitifs, exceptés quelques sénateures qui s'échappères à la faveure des ténèbres, signères la capitulassions, et demandères grâce à jenoux.

Attendus les ordres que j'ai reçu de votre père, je vous défand d'allé à la canpagnes.

Les heures passé dans ces frivole amusemants, sont autant de perdues.

Passé l'heure du dîner, il es toujours au café.

Les anecdotes que vous m'avez racontées sont des histoires supposé.

. . . . Vos invincibles meins
On de monstres sans nombre affranchi les humeins.

Je l'affligerait trop, si j'osais l'achevez.

EXERCICE XLV.

Même (84).

Les même marchandises qui n'avaient pu se vandre l'années precedente, ont été hors de prix cette année-là.

Les magistras doives rendre la gustice à touts le monde, même à leurs ennemis.

Il y a une étude de la nature qui ne demandent presque que des yeux, et qui, par cette raison, est à la portée de toutes sortes de personnes, et mêmes des enfans.

Quelle agréable variétée nous présentent cette prairie ! Partout ce sont des fleurs, mais ce ne son pas les mêmes.

Non seulement les astres, les animeaux, mais les plantes même atteste l'existence d'un Dieu créateur.

Feu ou *Feue.*

Feu, placé avant l'article ou un adjectif possessif, ne prend ni genre ni nombre.

Feue madame votre mère m'a recommande votres éducation.

En vain vous pretandés vous opposez à des hommes indomptable, que les combats ne lasses pas, et qui mêmes, étant vaincus, ne peuvent mettre bas les armes.

J'ajouterai que la libertée que j'ai prise ne dois pas vous autorisé à ajir de la sortes.

Je sens que si j'avait été parmi vous, j'aurais eu beaucoup plus de ressource pour mon travaille.

Est-ce ainsi que ce prince se comportoies du temps de la feue reine ?

Deux cents quatre-vingt-dix hommes sont restés sous les armes.

EXERCICE XLVI.

(56).

Sophie cout très bien.

Cet artiste joint la modestie au talent.

Il prent le partie de voyajé.

Votre mère se plaind de votre conduite; c'est en vain qu'elle feind de ne pas s'en apercevoir, elle rent de vous un témoignage bien peu satisfaisans.

Il creind de s'opposé à sa juste demande.

Cet artiste paind le portraît avec le plus heureux succès.

Dorval se contreind toujours en votre présence.

L'imprudense ce pleind toujours ; et rejette ses fautes sur la Fortunes.

Quelles que soient les humins il faut vivres avec eux.

De mes bras touts sanglants il faudra l'arracher.

Voyez *les Règles sur les Participes.*

J'ai reçu les lettre que vous m'avez écrit, et après les avoir lu, je partis pour Calais.

Les dieux ont à Calchas amenée leur victime.

Je souffre tous les maux que j'ai fait devant Troie.

Ces docteurs n'ont pas résolue la difficultée qu'on leur avaient proposé.

Nous avons recue les lettres que vous nous avez écrite au sujet de l'afaire que nous vous avions proposé; et, après les avoir lu, nous avons reconnu, comme vous, que si nous l'avions entrepris, nous y aurion trouve des obstacle que nous n'avion pas prévu.

La vie des héro a enrichie l'histoire, et l'histoire a embelli les action des héro.

Bien des gens se sont poli et enrichi insensiblemant par les discour et les ouvrajes de savants.

Ils se sont proposés de passer le Rhin. Ils se sont proposés pour modèle.

Les Russe sont venu tard; et ayant introduits chez eux les arts tout perfectionné, il est arrivées qu'ils ont fait plus de progrès en cinquante ans, qu'aucune nation n'en avait faits par elle-meme en cinq cent années.

Et je me suis quelquefois consolée
Qu'ici plutôt qu'ailleurs le sort m'eut exilé.

Ces bras que dans le sang vous avez vu baigné.

Je goutais des délices que je n'avait pas imaginné.

Quels laurier me plantons de son san arrosé ?

Quelques brillants que soit les don de la fortune,
La vertu les effacent, elle seule a du prix.

RECUEIL
DE THÈMES.

AVANT le tens du déluje, la nourriture que les homme prenoit, sans violense, dans les fruit qui tonbais d'eux-mêmes, et dans les herbe qui aussi bien sechais si vitte, étaient sans doute quelque reste de la première innocense, et de la douceure à laquelle nous étions formés. Maintenant, pour nous nourrire, il faut répendre du san, malgré l'horreure qu'ils nous causes naturelement; et touts les rafinement dont nous nous servont pour couvrire nos tables, sufises à peinne à nous déguisez les cadavre qu'il nous faut mangé pour nous assouvire.

Ce fut après le déluje que parures ces ravajeurs de province, que l'on a nommés conquérrants, qui, poussés par la seule gloir du commendemants, ont exterminer tant d'innocents. Nemrod, meaudit rejeton de Cham, meaudis par son père, commença à fairent la guerres, seulemant pour s'établire un empirie. Depuis ce tenps, l'anbission c'est jouée sans aucunne borne de la vie des homme :

ils en son venus à ce point de s'entretué sans se haïe. Le çonbles de la gloir, et le plus beau de touts les ars, a été de se tuèrent les un les autre.

Voilà se que peux un prince (Louis XIV) que rien n'abbas, qu'aucunne tenpette n'étone, qui est le jénie de ses armées, de ses conseilles; dont la vie es unne suitte continuele de traveau, et qui seit adoucire par sa prudense les loi de la nécessitée la plus inpérieuses.

J'ai admirer ces grants hommes, principallement de votres corps, qui, dans notre langue si long-temps négligé, et, par là, stérille et grossière, ons su trouvé tant de richesses auparavant aiïconnu, démêller les expressions de tant d'espèces diferente, sinple, noble, tendre, pationés, forte, agréables, harmonieuse; qui nous ont apprit à mettrent, pour fondement d'un discours, le bon san, le jujemaut droit, les sentimmants vertueus, à s'expliquer nettement, à retrancher les ornemants suppeifiues, affecté, enbarrassants; à parlé, non pour les oreille, mais pour le cœure et la raisson.

Qu'agoutte le titte de Protecteure de l'Académi française, en la personnes de Louis-le-Grand, aux noms augustes de Roi très-chrétien, de Conqerant, de Législateure, d'Invincible, de Saje, de Père du peuple ?

En efet, qu'est-ce que cette amas de peuple, de province, de républiques, de royomes enveloppés sous la mêmme dominassion; qu'une confusion de puissanses enbarrassante au maître, onérreuse aux sujets, doulloureuse aux vincus, principallement quand les belles-lettres, qui sons les fruit de la raison la plus epuré, ne mêlle point leur douceure aux amertummes d'une soumition forcée ?

C'est cette éloquense sublimmes des Athanase, des Basile, des Ambroises, des Augustins, des Chrysostômes, qui entraînaient après eux les peuple enivre du nectar sacré qui coullaiens de leur lèvres, non moins abbondament que de celle du Nestor d'Homère.

Vous l'avé loue (Louis-le-Grand) de couraje, de bonheure, de gustice, de prudense, d'activitée, d'amour pour ses peuple, en un mot, de toute les vertus royalles....... Mais se sera toujours une louanje pour Louis-le-Grant, qu'on puisse dir avec vérité, qu'il n'y a personne dans son royaume qui parlent avec plus de justesse, plus d'élégance, plus de grase, plus de dignitée, plus d'énerji.

Tenières est exact dans le dessim, et l'on ne peu

randres mieux que lui la forme des paysant de Flandres; on ne peu mieux que lui paindre leur attitude, l'ensenbles de leur personnes, et l'espri de leurs corps et de leur vetemans. Comme il a bien doné le caractère qui leur est propres, à leur veste, à leur culotte, à leur bas, à leur soulliés, à leurs chapeaux, à leur pippes, et à tous les accessoires dont il sont environnés. Il paint leur moral avec autant dexactitudes que leur physique. Leurs pations, en effet, ne devais pas avoir la même physionomie que celle des autre hommes. Dans ses tableaux on les entands raisonné, se disputé, politiquez; on voit la santée de leur âme emtretenus par les pot de bièrre dont il sonts entourés.

Pendant que tout les sujet de Denys-le-Tyran fa'sais des inprecassion contre lui, il appris avec surprise qu'une femme de Syracuse, extrêmmement ajé, demandaient, tous les matins, aux dieux, de ne pas survivres à ce prince. Il la fit venir, et voulu savoir la raison d'un si tendre intéêt. Je vais vous le direns, répondi-t-elles : Dans mon enfanse (il y a bien long-temps de cela), j'entendais tout le monde se plindres de celui qui nous gouvernaient, et je désirais sa mort avec tout le monde. Il fut massacré. Il en vint un autre, qui, c'étant randu maître de la citadelle, fit regretter le premié. Nous conjurions les dieux de nous en délivré : ils nous exauccres. Vous parutes, et vous nous avez fait plus de mals que les deux autres. Comme je pense que le qatrième serais encore plus cruelle que vous, j'adrèsse tous les jours des vœux au Ciel pour votre conservation.

Il n'y a rien de plus ordinaire que de mentire en disans vraie, parce qu'on ne dit vrai que de paroles, et qu'on repprésentes des affections et des mouvements qi sont faux par son ton, par son visaje, et par d'autre circonstances.

Ceux qui save estimez les choses à leurs juste prix, ne trouves point de lieux laits; car on vois en tout lieue le ciel et la terre, qui sont des spectacles capable de les remplire d'admirassion. Ils ne se mette gueres en peine d'y ajouter des enbellissements de l'art, parce qu'ils y trouve peut de bauté en conparaison de ces grans objets qui les occupe et qui leur sufise. Il se plaise memes davantage dans un bois sauvaje et epait, que dans les lieux les plus ornez, parce qu'ils n'y voient rien qui les fasses souvenire des homme, et rien qui ne les fasses souvenire de Dieu. Les jens du monde, au contreire, ne se pleises que dans les ouvraje des homme; un lieu sauvaje leur parais hideux et insuportable; il leurs faut des parterre bien dressée, des palisades bien taillée, des allées bien droite, et d'autre bagatelle de cet nature. Ils ne saves pas ce consulté eux-même, et apprandre de leurs cœur que toute ces choses n'agoutes rien d'elles-même à leur plaisir, et que tout ce qui y contribu ne vient que de leurs vanitées. Car, la raison pourquoi les jens du monde aime tout les ornemen de l'art, et son si peu touché des beautés de la nature, c'es qu'ils vo'es bien que ceux qui ne sont pas riche comme eux, ne son pas capable de les avoir. Ainsi ces chose artificielle les distingue du commun du momde. Il est permit à chacun de demeurez dans un bois, mais il n'y a que les riches qui puisses avoir des parterre.

Les docte fon diférente suputassion pour faires cadrez ce temps augustes. Celle que je vous ai proposée, monseigneure, est sans enbarrat. Loin d'obscurcire la suite de l'histoire des rois de Perse, elles l'éclairci; quoiqu'il n'y aurait rien de forts surprenant quand il se trouverait quelque incertituddes dans les dattes de ce prince, et huit ou neuf ans au plus, dont on pourrait disputé, sur un compte de quatres cents quatre-vingt-dix an, ne feront jamais une importante question. Mais pourquoi discourir davantage ?

Dioclétien gouverna avec vigeure, mais avec une insupportables vanitée. Pour résisté a tant d'ennemi qui s'élevait de tout côté, au dedans et au dehors, il nomma Maximien enpereure avec lui, et su néanmoins ce conservé l'autorité principale. Chaque enpereure fit un césar : Constantius Chlorus et Galerius fure elever à se hau ran. Les quatres prince soutinres à peinne le fardeau de tant de guerre. Dioclétien fui de Rome, qu'il trouvai trop liblre, et s'étabblis à Nicomédie, où il se fit addorer à la mode des Orienteaux.

César gagne la batail Actiaque. Les force de l'Egypte et de l'Orient, qu'Antoine menaient avec lui, son dissipé : tout ses ami l'abbandones, et mêmes sa Cléopâtre, pour laquel il c'était perdu. Hérode Iduméen, qui lui devaient tout, es contrint de ce doné au vinqueure, et ce maintiens, par se moyen, la possession du royaume de Judée, que la faiblesses du vieu Hircan avaient fait perdre entièrement aux Asmonéens. Tout cède à la fortune de César : Alexandrie lui ouvrent ses porte ; l'Egypte devient une province romainne. Cléopâtre qui désesper de la pouvoir conservé, se tue après Antoine. Rome tend les bra a César, qui demeures, sous le non d'Auguste et sous le titre d'empereur, seul maître de tous l'enpire. Il domte, vers les Pyrénées, les Cantabres et les Astuiens revoltés : l'Ethiopie lui demande la paix ; les Parthes épouvanté lui renvoie les étendart pris sur Crassus avec tous les prisonnié romain. Les Inde recherche son alliance ; ses armes se font sentire aux Rhètes ou Grison, que leurs moutagne ne peuve défendre ; la Pannonie le reconnaît ; la Germanie le redoute, et le Weser recois ces lois. Victorieu par terre et par mer, il ferme le tenples de Janus.

C'es par ces renouvellemant de violense que les historiens ecclésiastiques conptent dix persecussion sous dix enpereures. Dans de si longue souffranse, les chrétiens ne firent gamais la moindre sedission.

Les habitans de Paris sont d'une curiositée qui va jusqu'à l'extravaganse. Lorsque j'arrivai, je fus regarder comme si j'avais été envoyéz du ciel. Vieillards, hommes, femmes, enfants, tous voulais me voir : si je sortait, tous le monde ce mettaient aux fenêtre ; si j'étais aux Tuileries, je voyait aussitôt un cercles se fomer autour de moi; les femme mêmes faisais un arc-en-ciel nuancées de mil coulleures qui m'entourais. Si j'était au spectacles, je voyais aussitot cents lorgnettes dressez contre ma figurre. Enfin, jamais homme n'a tant été vus que mois. Je souriais quelquefois d'entandrent des jens qui n'étais presque jamais sorti de leur chenbre, qui disais entre eux : Il faut avouer qu'il a l'air bien Persant. Chose admirable! je trouvait de mais portrait partout; je me voyait multipliés dans toute les boutiqes, sur toute les cheminée, tant ont creignais de ne m'avoir pas assez vut.

Tant d'homme ne laisse pas d'être à charje. Je ne me croyait pas un hommes si curieu et si rare; et, quoique j'aies très bon opinion de moi, je ne me seraient jamais imaginné que je dusse troubler le repot d'une grandes ville où je n'étoit point connut. Cela me fit resoudre a quitez l'habbit persen, et a en enddossé un à l'européenne, pour voir s'il restaient encore d'en ma physionomi quelque chose d'admirrable : cet essai me fis connaîtrent ce que je valait réellement. Libre de touts les ornemants étranjés, je me vis apprécié au plus guste : j'eut sujes de me pleindre de mon tailleure, qui m'avais fait perdre en un instant l'attension et et l'estimme public; car j'entrait tout-à-coup dans un néant affreux. Je demeurait quelquefois un heur dans une conpagni, sans qu'on m'eut regardés, et qu'on m'eus mis en ocasion d'ouvrir la bouches; mais si quelqu'un, par hasart, apprenaient à la compagni que j'étois Persan, j'entendait aussitôt autour de moi un bourdonement : Ah! ah! monsieur es Persan? C'es unne chose bien extraordinaire. Comment peut-on être Persan? (*Montesquieu*, Lettres Persanes.)

Dans une des îles de la mer Egée, au millieu de quelques peuplié antiques, on avais autrefois consacrée un autel à l'amitier; il fummait goure et nui d'un encent pure et agréable a la déesses. Mais bientôt, entourée d'addorateures mercénairres, elles ne vit dans leurs cœures que des liaisons aintéresse et mal assorti. Un gour, elle dit a un favori de Crésus : Portes ailleurs tes offrande : ce n'est pas a moi qu'elles saddresse; c'es a la Fortunnes. Elle réppondit à un Athénien qui fesait des vœux pour Solon, dont il se disais l'ammi : En te lient avec un homme saje, tu veux partajez sa gloire, et faire oublié tes vice. Elle dis à deux femme de Samos, qui s'enbrassais étroittemant au pied de l'hôtel : Le goût des plaisirs vous unis en apparense, mais vos cœure sont déchiré par la galousi, et le seron bientôt par la heine. Enfin, deux Syracusains, Damon et Phintias, tous deux élevés dans les princippe de Pythagore, vinres ce prosternés devant la déesse : Je reçois votre hommaje, leurs dit-elles; je fais plus, j'abbandones un asile trop long-temps souillée par des sacriffices qui m'outraje, et je n'en veut plus d'autre que vos cœurs : allez montrer au tyrant de Syracuse, à l'annivers, à la postéritée, ce que peux l'ammitier dans des amis que j'ai revêtus de ma puissanse. A leur retour, Denys, sur un simple soupçon, condamna Phintias à la mort; celui-ci demanda qu'il lui fût permit d'allez réglez des affaire importantes qui l'appelais dans unne ville voisinne : il promit de se présenté au jour marqués, et partit après que Damon eût garantit cette promesse au peril de sa propre vie. Cependant les afaires de Phintias traîne en longeure; le jour destinnée à son trépas arrivent : le peuple s'assenbles; on blament, ou pleint Damon qui, marchent tranquillement à la mort, trop certin que son ammi allait revennire, trop heureu s'il ne revennais pas. Deja le moment fatal approchais, lorsque milles cris tumultueus annonce l'arrivé de Phintias : il cour, il voles au milieu du supplice; il vois le glaive suspandu sur la têtte de son ammi; et, au milieu des enbrassemants et des pleurs, ils ce disputtent le bonheur de mourire l'un pour l'autre. Les spectateures fondes en larme; le tyrant lui-même se précippites du tronne, et leurs demandent instemment de partager une si bel ammitie. (*Voyages du jeune Anacharsis.*)

Etymologie du mot Éphémère.

S'est le non d'un insectes qui neit, se reprodais, et meurs dans l'espace d'une seule nuie. Les naturaliste l'observes dans les nuies du moi d'août, principalleman sur les rivaje de la Marne, de la Seine et du Rhin. La vie de cette insectes ne passent pas quatre ou cinq heures; il meure sur les onze heurs du soire, après avoir pris la figures d'un papillon, environ a six heure après middi. Il est vraie cependant qu'avant de prandres cette figures, il a vécu trois ans sous celle d'un verre qui se tient toujours au bort de l'eau, dans les trous qu'il s'y est creusés dans la vase.

Le chengemant de se verre qui es dans l'eau, en ephemère qui vole, est si subitte, qu'on n'a pas le temps de le remarqué. Si on prend le vers dans l'eau, on ne sauroient désèré la mein ci promptemant que le chenjeman ne sois faits, à moins que de pressez un peut le ver à l'endroit de la poitrinnes; par ce moyen on peu le tiré de l'eau avant qu'il sois changer.

L'éphémère, après être sortit de l'eau, cherchent un lieue ou il puisse se mettre, et se dépouillé d'une finne menbrane, ou voille, qui le couvres tout entié : se second chenjemant ce passe dans l'air. L'éphémère c'arrêtte avec la pointes de ces petit ongle, le plus ferme qu'il peux : il lui prant un mouvemant senblable à celui du frison ; aussitôt la pau qu'il a sur le millieu du dot se déchirres, les ailles se déffons de leur étuis, comme nous tirron quelques fois nos gants en les renversants. Après ce dépouillemant, l'ephemère se mets à voller en tout san ; il se tient quelquefois sur l'eau, sur sa queue, en frappants ses ailes les unes contre les autre.

L'éphémère ne prent aucunne nourriture dans les cinq ou six heurs qui bornes le cours de sa vie ; il semble qu'il n'ait ete feit que pour ce multipliez, car il ne quitte sa figure de ver que lorsqu'il es en état de faire ses œufs, et il meurs aussitôt qu'il les a fait.

En trois gours de temps, ont vois paraîtrent et mourire toute l'espèce des éphémère : ils durrent quelquefois jusqu'au cinquième jour, par la raison de quelques maladi qui es arriver a quelques-uns de l'espèce, et qui les a enpeché de ce chenjé en même temps que les autre. (*Tiré des Éphémérides.*)

Les jeunes jens d'Athènes, ébloui de la gloire

de Thémistocle, de Cimon, de Périclès, et plin d'une folle anbission, après avoir reçu pendant quelque temps les leçons des sophistes qui leurs promettais de les randrent de très-grand polittique, se croyais capables de tout, et aspirait au premières place. L'un d'eux, nommé Glaucon, c'étais mit ci fortement en tête d'entrer dans le maniemant des afaire publics, quoiqu'il n'eus pas encore vingt an, que personne dans sa famille, ni parmi ses ami, n'avais eu le pouvoire de le détourné du dessin si peu convenable à son aje et a sa capacitée. Socrate qui l'afectionnais, à cause de Platon son frère, fut le seul qui réusis à lui faire chanjez de résolussion.

Un jour, l'ayant rencontrés, il l'abbordat avec un discours si adroit, qu'il l'engageat à l'écoutez : s'était déja avoir beaucoup gagne sur lui. Vous avé donc envi de gouverné la république? lui dit-il. Il es vraie, répondis Glaucon. Vous ne saurié avoir un plus beau dessin, reparti Socrate; car si vous réussissé, vous vous metterai en état de servir utilement vos amis, d'aggranddire votre maisson, et de déffendre les bornes de votre patri : vous vous ferez connaîtres non seulement dans Athènes, mais par toute la Grèce, et peut être que votres renommee volra jusque chez les nassions barbare, comme celle de Thémistocle; enfin, quelque part que vous soyez, vous attirerai sur vous le respect et l'admirassion de tout le monde. Un debbus si ainsinuans et si flatteure plut extremement au jeune hommes, qui se trouvaient pris par son faible. Il resta volontiers sans qu'il fût besoin de l'en pressé, et la conversassion continua. Puisque vous désirez vous faire estimer et honoré, il es cleir que vous sonjez à vous randre uttile au publique? — Assurément. — Dittes-moi donc, je vous pri, au non des dieux, quelle ait le premié service que vous pensez randrent à l'état? Comme Glaucon paraissais enbarrassez, et rêvais à se qu'il devaient répondres: Apparement, reprit Socrate, se sera de l'enrichir, c'est-à-dir d'augmenté ses revenus. — S'est cela mêmme. — Et sans doutte vous savé en quoi consistes les revenu de l'état, et a combien ils peuve monté? Vous n'aurez pas manquer de faire une étude particuliere, affin que, si un fond vien à manqué tout à coup, vous puissié aussitôt le remplacé par un autre. Je vous gure, répondi Glaucon, que s'est à quoi je n'ai gamais songé. — Marquez-moi au moins les dépenses que fait la république: car vous savé de quel importanse il es de retranchez celle qui son supperflus. — Je vous avous que je ne suis pas plus instrui sur cette article que sur l'autre. — Il faut donc remmettrent à une autre temps le dessin que vous avé d'enrichire la republblique; car il es inposible de le fairent, si vous en ignoré les revennus et les deppense.

Mais, dit Glaucon, il y a encore une autre moyen que vous pasez sous silance : on peux enrichire une état par la ruiune de ses ennemi. Vous avez raison, répondit Socrate ; mais pour cela il faut être le plus fort : autrement on courre risque de perdres soi même ce que l'on a. Ainsi, celui qui parle d'antreprandre une guerre, doit connaîtres les force des uns et des autre, afin que, s'il trouve son partie le plus fort, il conseil hardimman la guerre; et, s'il se trouve le plus faibles, il disuade le peuple de s'y engagez. Or, savé-vous quels sont les forces de la républiqne, tant par mer que par terre, et quels son selle de nos ennemi? En avez-vous un état par écrit? Vous me ferai plaisir de me le communiqué. Je n'en ais point encore, répondit Glaucon. Je vois bien, dit Socrate, que nous ne feront pas sitôt la guerre, si l'on vous charje du gouvernemant, car il vous restent bien des chose à savoir, et bien des soins à prandre.

Il parcouru ainsi plusieurs autres article non moins important, sur lesquels il ce trouvat égallement neuf, et il lui fit touchez au doigt le ridiculle de ceux qui on la téméritée de singgérer dans le gouvernemánt, sans y apporté d'autre préparassion qu'unne grandde estime d'eux-même, et une ambission démesuré de s'élever aux premières place. Creignez, mon cher Glaucon, lui dit Socrate, creignez qu'un désir trop vif des honneures ne vous aveuglent et ne vous fassent prandre un partie qui vous couvriraient de honte, en mettant au grand joure votre incapasitée et votre peut de talant.

Glaucon profitat des sajes avis de Socrate, et pris du tenps pour s'instruire en particulié avant que de se produir en publique. Cette leçon est pour tout les siècle, et peux convenire à beaucoup de personne de tout état et de toute condission.

Origine du Jeu des Échecs.

De tous les jeux ou l'esprit seule ait part, celui des échecs est le plus honnette de sa nature, le plus combiné, le plus savand, et par conséquent le plus digne d'un homme qui aiment à penser et à réfléchire. Quelques auteures on crus qu'il fallais remonté jusqu'au siéje de Troie pour en trouver l'originne. La princesse Anne Comnene, dans son *Alexiade*, en attribut l'ainvention aux Assyriens : les Perses et les Chinois convienne qu'il le tienne des Indiins. Les circonstances qui l'on fait fait naître méritte quelque attention. Il y avait dans les Indes, au commencemant du cinqième siècle, un jeune prince très-sage, mais d'une fierté que rien n'égalait. On essayat en vain de lui représentez que l'amourr de ses sujets es toutte la puissanse du souverin. Ces sajes remontranse ne servire qu'à faire périre leur auteur. Un bramine ou philosophe, pour lui ainculqué cette véritée, sans toutefois c'exposer au même pérille, imajinna le jeu des échecs, où le Roi, quoique la plus inportante de toutes les pièces, es inpuisante pour attaqué et même pour se défendre contre ces ennemis sans le secours de ces sujets et de ses soldats. Le monarque étais né avec beaucoup d'esprit ; il ce fis lui-même l'applicassion de cette leçon utille, changea de conduite, et, par là, prévint les malheures qui le menaçais. La reconnaissanse lui fit laisser au bramine le choix de la réconpense. Celui-ci demanda autant de grins de bled qu'en pourrais produir le nombre des case de l'échiquier, en doublants toujours, depuis la premièie partie jusqu'à la soixante-qatrième, ce qui lui fus acordé sur-le-chemp et sans examen ; mais il se trouva, calcul fait, que tous les trésor et les vaste état du prence ne sufisait pas pour remplir l'engajement qu'il venais de contracter *. Alors notre philosofe

* On a évalué la somme de ces grains de blé à 16,584 villes, dont chacune contiendrait 1,024 gre-

saisis cette occasion pour lui représenter combien il inporte aux rois de se tenir en garde contre ceux qui les entourent, et combien ils doive creindre qe l'on n'abuse de leur meilleur intention. Bientôt l'histoir en fu répendu dans les pays les plus recullés, et se noble jeu passa des Indes dans toute les partis du monde.

L'humanitée envers les peupple est donc le premié devoir des grant, et l'humanité ranferme l'afabbilité, la protection et les larjesse.

Quelle affreuse Providdence, si toutte la multitude des homme n'étais placé sur la terre que pour servir aux plaisir d'un peti nombre d'heureus qui l'habitte, et qui souvent ne connaisses pas le dieux qui les conblent de bienfaits.

Les grant serait inutile sur la terre, s'il ne s'y trouvais des pauvre et des malheureux. Ils ne doive leur élévassion qu'aux besoins publiques; et, loin que les peuples sois fais pour eux, il ne son eux-même faits que pour le peuple.

C'est donc aux grands de remettre le peuple sous la protection des lois. La veuve ou l'orphelain, tout ceux qu'ont foulle et qu'on opprimment

niers, dans chacun desquels il y aurait 174,762 mesures, et dans chaque mesure 32,768 grains. (*Mémoires de l'Académie.*)

ont un droit acqui à leur creddit, à leur puissance; elle ne leur est donné que pour eux : c'es à eux à porté au pied du trône les pleintes et les jémissemants de l'opprimé Ils son comme le canal des communicassions et le lien des peuple avec le souverain, puisque le souverin lui-même n'es que le père et le pasteure des peuple.

Qu'avez-vous au-dessus d'eux ? Celui qui ne connais de tittres et de distinction dans ses créature, que les dons de sa grâce. Cependant Dieu, leur père comme le vôtres, les livrent au travailles, à la peine, à la misère, à l'affliction, et il ne réserves pour vous que la joie, le repot et l'opulense; ils naisses pour souffrire, pour porter le poid du joure et de la chaleure, pour fournir de leurs peines, de leurs sueures, à vos plaisirs et à vos proffusion, pour traîner comme de villes animeaux, si j'ose insi parlé, le char de votre grandeure et de votre indolense.

Oui, Sire, quiconque flatte ses maîtres les trahis; la perfidi qui les trompent est aussi criminelle que cellent qui les détrônent. La véritée es le premié hommage qu'on leur dois. Il n'y a pas loin de la mauvaise foie du flatteure à celle du rebelle; on nè tient plus à l'honneure et au devoire, dès qu'on ne tient plus à la véritée, qui es la base de touts les devoirs. La mêmes infami qui punis la révolte, devrais être destiné à ladulassion ; la sûretée public dois supléer aux lois qui ont omis de la conpté parmi les grans crimmes auxquels elle décernent des suplices ; car il es aussi criminel d'attentez à la bonne fois des princes qu'à leur personne sacré, de manquer à leur égard de vérité ; que de manquez de fidélitée, puisque l'ennemi qui veux nous perdre est encore moins à creindre que l'addullateure qui ne cherchent qu'à nous plaire.

Mais l'anbission, se désir insatiable de s'élever au-dessus et sur les ruinnes mêmes des autres; ce vers, qui pique le cœure et ne le laisse gamais tranquille ; cette pation, qui es le gran ressort des intrigues et de toute les agitassions des cours, qui formes les révolussions des états, et qui donne tous les jours à l'univers de nouveaux spectacles; cette pation qui est tout, et à laquel rien ne coutte, est un vice encore plus pernicieux aux enpires que la paresse même.

Je sais qu'il y a une noble émulassion qui mène à la gloire par le devoir : c'est elle qui donne aux empires des citoyens illustres, des ministres sajes et laborieux, de vaillans jénéraux, des auteures célèbres, des princes dignes des louanges de la postérittée.

L'anbissieux ne joui de rien : ni de sa gloire, il la trouve trop obscure ; ni de ses places, il veut monté plus haut; ni de sa prospérité, ni des hommages qu'on lui rant, ils sont empoisoné par seux qu'il es oblijé de randrent lui-même; ni de sa faveur, elle devient commune, dès qu'il la fau partajer avec ses concurrents; ni de son repos, il es malheureu à mesure qu'il es oblijé d'être plus tranquille : c'es un Aman, objet souvent des désirs et de l'envie public, et qu'un seule honneure refusée a sont excessive autoritée rand insupportable à lui-même. L'ambission le rant donc malheureu; mais, de plus, elle l'avili et le dégradde. Que de baseses pour parvenire! Il faut paraîtres, non pas telle qu'on es, mais tels qu'on nous souhaitent. Bassesse d'adulation, on encense et l'on addore l'idole qu'on méprise; basesse de lâchetée, il fau savoir essuyez des dégoût, des rebu, et les recevoir presque comme des grasse; bassesses de dissimmulasion, point de sentimant à soi, et ne penser que d'après les autres; bassesse de déréglemant, devenir les complices, et peut-être les ministres des pations de ceux de qui nous dépandons, et entrer en part de leure désordre, pour particippez plus sûrement à leur graces.

Hélas! s'il pouvais être quelquefois permit d'être sombre, bizarre, chagrain, à charje aux autre et à soi même, se devrait être à ces ainfortunés que la fin, la misère, les calamitées, les nécessitées domestiqe et tout les plus noire souci environne; ils serait bien plus dignent d'excuse, si, portant dégà le deuille et l'ammertumme, le désespoire souvent dans le cœure, ils en laissait échappez quelque trait au dehors; mais que les grands, que les heureu du monde, à qui tout ris, et que les jeu et les plaisirs aconpagnes partout, prétande tirez de leur félicittée même un privillége qui excusent leurs chagreins bizarres et leurs caprices; qu'il leur soient plus permi d'être fâcheu, inquiets, inabordable, parce qu'ils son plus heureu; qu'il regarde comme un droit acqui à la prospéritée d'acablez encore du pois de leur humeme des malheureut qui jémisse déjà sous le joug de leure autorittée et de leur puissanse. Grant Dieu! serais-ce donc là le privilléje des grants, ou la punission du mauvait usages qu'il fons de la grandeure? Car il es vrai que les caprice et les noirs chagrin senblent être le partage des grands, et l'innocense de la joie et la sérénité n'es que pour le peuple.

Mes, l'affabbilitée qui prend sa source dans l'hummanitée, n'es pas une de ces vertues supperficielles qui ne résident que sur le visage : s'est un sentimant qui nais de la tendresse et de la bonté du cœure. L'affabilité ne serais plus qu'une insulte et une dérision pour les malheureux, si, en leur montrants un visage doux et ouver, elle leur fermet nos entrails, et ne nous rendaient plus accessibles à leurs p'eintes, que pour nous randre plus ainsensible à leurs peines.

Quintilien dit : Si l'enfanse es susceptible de soin par rapport au mœurs, pourquoi ne le sera-t-il pas par rapport à l'étude? Que peuvent-ils faire de mieux, depuis qu'il son en état de parlez? Car il faut bien qu'ils fasse quelque chose. Je sait bien, continue-t-il, que, dans tout le temps dont il s'ajit, ces eufans ne pourront pas autant avansé qu'ils le ferons dans la suite, en une seule année. Mais, pourquoi mépriser ce petit gein, et ne pas mettre à proffis sette avance, quelque meddiocre quelle soient? Car cette année qu'on aurat ainsi gagnée sur l'enfance accroîtera à celles qui suive, et, somme totalle faitte, metteras l'enfant en état d'apprandre plus de chose qu'il n'aurais feit sans cela. Il faut donc tâcher de ne pas perdre ces premières années, d'autant plus que les commencemens de l'étude ne demande presque que de la mémoire; et l'on sais que les enfants n'en manque pas.

Je trouve encore une autre avantage dans cette pratique : s'est de plier de bonne heure l'esprit des enfans, de les accoutumés à une sorte de règle, de les rendre plus dociles et plus soumis, et d'enpêché une dissipation aussi contraire souvent à la santée du corps, qu'à l'avancement de l'esprit.

J'en puis agoutez un troisièmme, qui n'es pas moins considérable. La Providence a mis dans les enfans unè grande curiositée pour tout se qui es nouveau, une facillitée merveilleuse à apprandre une infinité de chose dont ils entandes parler, un penchant naturelle à imiter les grandes personne, et à se mouller sur leurs examplès et leurs discours. En différant la culture de ces jeune esprit, on renonce à toutes ces heureuses préparassion que la naturre leur a doné en naissan; et, comme la nature ne peux être oisive, on les oblijent à tournez vers le mal ses premières disposissions destinées à faciliter le bien.

Quintilien n'ignorais pas qu'on pouvait lui objecter l'extrême faiblesse des enfans dans les années dont il s'ajit, et le dangez qu'il y a d'user, par des efforts prématurés, des organe encore tendre et délicat, qu'une contension un peu forte peut déranjer pour toujours. Je n'ai pas, dit-il, si peu de connaissanse de la faible complexion des enfants, que je prétande qu'on doive dès-lors les presser vivement, et exigez d'eux une forte applicassion. Il veut que ce soit un jeux, et non un étude; un ammusemant, et non un travaille sérieu. On peu leur raconter des histoires agréable, mes courtes et détachées; leur faire de petite question qui soient à leur porté, et dont on leurs fournissent la réponse par la manière adroite dont ont les ainterrogent ; leurs laisser le plaisir de croire que s'es de leur propre fond qu'ils l'on tiré, afin de leur inspirer le désir d'apprandre; les louer de tenps en tenps, mais avec sobriétée et sajesse, pour leur doné de l'émulassion sans trop enflé leur amour-propre; répondre à leurs questions, et toujours avec justesse et selon la véritée; reffuser quelquefois de les laisser étudiez quant ils le demande, pour augmenter leur ardeure par cette innocent artiffice; n'employer gamais, dans cette âge, la contreinte, ni la violense, et encore moins la punission pour les fairent travaillés, car la grande applicassion des gouvernante, et des maître qui leur succède, est d'éviter que les enfans, qui ne peuvent eimer l'étude, n'en conçoivent de l'aversion par l'amertumme qu'ils y trouve dans ces premières années. (*Rollin, de la manière d'enseigner et d'étudier les belles-lettres.*)

Miltiade n'avait à Marathon que dix milles homme; César n'en employat que vingt-deux mille à Pharsale, et Epaminondas que six mil à Leuctre; Thémistocle n'avais que deux cent galère à Salamis, et Gonsalves, au passage de Garillan, avais très-peu de trouppe contre un cor d'arme infinimant plus nombreu.

Xercès ne pouvan, avec une grande armée, forcé le passage des Thermopyles, qui n'était deffendus que par trois cent Grecs : Que d'homme m'aconpagne, dit-il; mais que j'ai peu de soldats !

Le prince de T...., chajé de la deffense d'un déserteure, et voulant le sauvez, tournat à l'avantage de se malheureu la pièce même qui déposaient contre lui : s'était une lettre qu'il avait écrite à l'un de ses camarades, pendant qu'ils serait tous deux en faction.

Le bon prince lui donna un sens absolumant diférant; et, l'homme que tout rendait coupables, fus, d'après sa lettre, gugé innocent par le conseille suprêmes de Madrid. La pitier dictat cette ruse; et, si la séverritée de la justice la condamnes, l'humanitée l'absout. Mais toujours il est vraie que tout homme qui a de grant intérêt à confié au papié, est inpardonnable de s'exposé à les trahire par ignoranse. (*Journal de la Langue française.*)

Dans un port de Basse-Normandie, un armateure, qui envoyais des navire en Amérique, désirant avoir une couple de sinje, en fis note au bas des ordre qu'il donnais par écri à son capitaine. Malheureusement le cher homme ne savais pas l'orthographe, et de plus, écrivaient les maux comme il les prononçaient. Or, en Basse-Normandie, au lieu de dir *ou*, on prononce simplemant *o*, notre homme écrivis : A votre retoure, vous m'aporterez deux *o* trois singe. Mais comme il n'écrivit la quantité qu'en chiffres, et qu'il n'y mit point de virgule, cela fit 203 singe, que le capitaine fut oblijé de lui rapportez à son retour, parce qu'il connaissais d'ailleurs la rijide exactitude de son patron. Celui-ci, voyant arrivé cette criarde famille, taxa l'autre d'extravaganse. Le capitainne produisi l'ordre par écri : il n'y avait point à répliqué. L'armateur, dans son dépis, fis tuez tous les singes ; mais on dit qu'il en fis enpaillé deux, pour rappeler qu'un négociant doit au moins savoir l'orthographe.

La faute d'orthographe justifiée.

Monsieur de Génicourt, riche propriétaire,
Recevant d'un sien locataire,
Après l'avoir serjenté vivement
Pour des terme échu, une somme d'argant
Sur laquel il ne comptait guère,
Au bas de sa quitance écrit : *Reçu content.*
De cet orthographe bizarre
Le locataire un peut surprit,

Crut devoir se vengé, au moins par le mépris.
— Certes, dit il, votre savoir est rare !
Avec tout vos écu, qu'avez-vous donc apprit ?
Sachez de moi, monsieur l'ignare,
Que l'on écrit ainsi : *Reçu comptant,*
Parce qu'il faux compté en recevan.
A cet épilogueur rijide,
Monsieur de Génicourt répondi graveman :
Votre observassion, sans doute, es très-solide ;
Mais moi, lorsque j'écrit, je prend mon cœur pour guide ;
Et, si du mot *content* ici j'ai fait l'enploi,
C'es que je sui tougours *content* quand je reçois.

Un de nos meilleur grammairien se mourrais, suffoqué, je croit, par un abcès qu'il avais dans la gorje. Son médecin s'approches de son lit, en lui disant : Si vous ne prener point ce que je vous ordonne, *je vous observe que*.... Ah ! misérable ! s'écrie le moribond transportez d'une sainte colère, n'est-ce pas assez de m'enpoisonné, faut-il encore que tu vienne m'assassiner par tes solécismes ? Va-t-en..... A ces mots l'abcès crève, la gorje se débarrasse ; et, grasse au solécisme, le grammairien est rendu à la vie.

SCÈNE DU MERCURE GALANT,

sur le plurier des substantifs et des adjectifs en al.

LA RISSOLE.

Je voudrais bien être dans le Mercure :
J'y ferais, ce me senble, une bonne figurre.
Tout à-l'heur, en buvant, j'ai fais réflexion
Que je fit autrefois une bel action.
Si le roi le savais, j'en aurait de quoi vivre.
La guerre es un métié que je suis las de suivrent.
Mon capitaine, instruis du courage que geai,
Ne saurais ce résoudres à me doné congé.
J'en anrage.

MERLIN.

Il fais bien. Donez-vous patiense.

LA RISSOLE.

Mordié! je ne saurais avoir ma subsistanse.

MERLIN.

Il est vrai : le pauvre homme! il fait conpation.

LA RISSOLE.

Or donc, pour en venir à ma belle action,
Vous saurai que toujours je fus homme de guerre,
Et brave sur la mère autant que sur la terre.
J'était sur un vaisseau quand Ruyter fut tué,
Et j'ai même à sa mort le plus contribué :
Je fus cherchez le feux que l'on mis à l'ammorces
Du canon qui lui fis randre l'âme par force.
Lui mort, les Hollandai souffrires bien des *muls* ;
On fit coullé à fond les deux vice-*amurals*.

MERLIN.

Il faut dir des *maux*, vice-*amiraux* : c'est l'ordre.

LA RISSOLE.

Les vice-*amiraux*, donc, ne pouvant plus nous mordres,
Nos coups aux ennemi fure des coup *fataux* ;
Nous gagname sur eux quatres combat *navaux*.

MERLIN.

Il faut dir *fatals* et *navals* : c'est la régle.

LA RISSOLE.

Les Hollandai rédui à du biscuit de seigle,
Ayant connu qu'en nombres ils étais *inegals*,
Fire prandre la fuitte aux vaisseaux *principals*.

MERLIN.

Il faut dire *inégaux*, *principaux* ; s'es le terme.

LA RISSOLE.

Enfin, après cela nous fumme à Palerme.
Les bourgois à l'envie nous fire des *régaux* ;
Les huit gour qu'on y fus fure huit *carnavaux*.

MERLIN.

Il faut dire *régals* et *carnavals*.

LA RISSOLE.

Oh! dame,
M'interronpre à tout coup, s'es me chifoné l'âme,
Frenchemant.

MERLIN.

Parlez bien. On ne dit point *navaux*,
Ni *fataux*, ni *regaux*, non plus que *carnavaux* :
Vouloir parlé insi s'es fairent une sottises.

LA RISSOLE.

Eh! mordié! comment donc voulé-vous que je dise,

Si vous me reprener lorsque je dis des *mals*,
Inégals, *principals*, et des vice-*amirals* ?
Lorsqu'un moment après, pour mieux me faire entandres,
Je dit *fataux*, *navaux*, devai-vous me reprandre?
J'enrage de bon cœur, quant je voit un trigaud
Qui souffles tout ensemble et le froit et le cheaud.

MERLIN.

J'ai la raison pour moi, qui me fais vous reprandrent,
Et je vait clairemant vous le faire conprandre.
Al est un singulié dont le pluriel fait *aux*;
On dit s'es mon *egale*, et se son mes *egaux* :
C'es l'usage.

LA RISSOLE.

L'usage? eh bien! soit, je l'accepte.

MERLIN.

Fatal, *naval*, *régal*, sont des maux qu'on exceptent.
Pour peut qu'on ais de sens et d'érudission,
On sait que chaque régle a ses exception :
Par conséquent on vois, par cette régle seule...

LA RISSOLE.

J'ai des démangeaisons de te casser la g....

MERLIN.

Vous?

LA RISSOLE.

Oui, palsandié! moi. Je n'aimes pas du tout
Qu'on me berce d'un conte à dormire tout debout.
Lorsqu'on veut me raillé, je donne sur la face.

MERLIN.

Et tu croit au Mercure occupé unne place,
Toi? Tu n'y seras point, je t'en donne ma fois.

LA RISSOLE.

Mordié! je me bat l'œil du Mercure et de toi,

Pour vous faire dépit, tant à-toi qu'à ton maître,
Je déclare à tous deux que je n'y veut pas être.
Plus de milles soldas en aurait acheté,
Pour voir en quel endroit La Rissole eut été :
C'était argent content, j'en avait leur paroles....
Adieu, pays : s'est moi qu'on nomme La Rissole.
Ces biat te deviendron, ou *fatals*, ou *fataux*.

MERLIN.

Adieu, guerrier fameu dans les comba *navaux*.

Énigme.

Je m'assieds sur le trône;
On me voit sur le Pô;
Je m'étand sur le Rhône;
Je couvres les châtaux;
Et, sans êtres gourmant,
Je flaires les gâteaut;
J'accompagne l'Etre suprême;
Je marche avec le diadême,
On me prête sur intérêt;
Et je domine la forêt.
Eh bien! mon cher lecteure,
Ne peut-tu me connaîtres,
Tans de foies me voyant paraîtres?

Quelqu'un racontaient un jour des nouvelle qui occupait for les polittique. *Il arrivera tout ce qu'il pourra*, répondi en plaisantant M. l'abé Dangeau; *mais j'ai dans mon portefeuil deux mil verbe françai bien conguguė.* Il comparais, avec la même gaîté, sa passion pour la grammaire, à celle d'un enthousiaste plus sérieu que lui, et qui s'écriais en souppirant : *Les particippe ne son pas connu en France.*

Bouquet d'un Grammairien.

Quoi ! se n'es pas assé d'un bouquet substantife,
Il y faux goindrent encore un bouquet adjectife ?
Comment chenter en verre votre nominatif ?
Ma Muse n'eus jamais le pouvoire jénitif,
Et pour elles Apollon ne fus jamais datif.
N'en faites pas, madame, un cas accusatife.
J'ai voulu ; mais Phébus, sourt à mon vocatife,
Malgré moi m'a réduit au plus triste ablatif.
Agréez en échenje un zèle positif,
Un zèle sans égale et sans comparatif,
Un zèle qui pour vous es un superlatife.
Que ne suis je pour vous d'un verbe assez actif,
Pour vous paindre à quel point tout mon cœur es passif ?
Que ne puis-je à vos yeux le rendre indicatife ?
Eprouvai-le, madame, au mode inpératife ;
Vous verrez mon ardeur surpassez l'optatif.
Mon seule respect poure vous gardent le subjonctif,
Mes autres sentiment son à l'infinitif.

L'abbé d'Olivet rapporte l'anecdote suivente :

M. de Fontenelle apporta à l'Académi un de ses ouvrage qu'il venais de publié. Quelqu'un de ceu qui était présent, ayant lu ces mots, à l'ouverture du livre : *La pluie avait tombé*, faignit que des femmes l'avait prié de mettre en question, si *j'ai tombé*, ne pourrait pas se dirent aussi-bien que *je suis tombé*. On allat aux voix, et, M. de

Fontenelle prenant la parole, frondat merveilleusemant ces sortes d'innovassions. A peine finissait-il, qu'on lui fit voir la page et la ligne où était la phrase que j'ai rapportée. Point de réponce à cela, si ce n'est celle d'un galand homme qui reconnaît ses fautes sans biaisé.

Voilà bien du latin que je vous cite; mais c'est avec des dévots comme vous que j'aime à récité mon brévière.

Quelque soit pour nous la tendresse des rois,
Un moment leur sufit pour faire un autre choix.

Il manque à cet auteur, d'ailleurs judicieu et tendre, ces beautés de détailles, ces exprétions heureuse, qui sont l'âme de la poésie, et qui son le mérite des Homère, des Virgile, des Tasses, des Milton, des Popes, des Corneille, des Racine, des Boileaux.

Elles sont l'unique récompense des gens de lettres. Eh! qui leur paieras ce tribus, sinon nous, qui, courant à peu près la même carrière, devont connaître mieux que d'autre la dificulté et le prix d'un bon ouvraje.

Personne n'ose convenire frenchemant des richesse de son siècle. Nous sommes comme les avares, qui dise toujours que le temps est dure.

Toutes les nation adoucisse à la longue la prononciassion des mots qui sont le plus en usage : s'est ce que les Grecs appelait Euphonie. On prononçais la diphtongue *oi* rudement, au commencement du seizième siècle : la cour de François Ier adoucit la langue comme les esprits; de là vien qu'ont ne dis plus *François* par un *o*, mais Français; qu'on dit : *Il aimait, il croyait.*, et non pas, *il aimoit, il croyoit.*

On commençat, au douxième siècle, à introduire dans la langue quelques termes de la philosophi d'Aristote; et, vers le seizième, on exprimmat par des termes grecs toutes les parties du corps humein, leur maladis, leur remède. Quoique la langue s'enrichi alors du grec, et que depuis Charles VIII elle tirâ beaucoup de secours de l'italien déjà perfectionné, cependant elle n'avait pas pris une consistanse régulière. François Ier aboli l'ancien usage de plaidé, de gujé, de contracter en latin, usage qui attestais la barbari d'une langue dont ont n'osait se servir dans les actes publics; usage pernicieux aux citoyen, dont le sort était réglée dans une langue qu'ils n'entendait pas. On fut alors obligé de cultivé le français; mais la langue n'étais ni nobble, ni régulière. La syntaxe étais abbandoné au caprice. Le génie de la conversation étant tourné à la plaisanterie, la langue devint très féconde en exprcssions burlesques et naïves, et très-stérille en termes nobles et harmonieu; de là vient que, dans le *Dictionnaire des Rimes*, on trouves vingts termes convenable à la poési comiqe, pour un d'une usage plus rellevée.

Le génie de cette langue est la clarté et l'ordre; car chaque langue a son génie, et ce génie consiste dans la facilité que donnes le langage de sexprimé plus ou moin heureussemant, d'employer ou de rejeté les toures familliés aux autres langue. Le français n'ayant point de déclinaisons, et étant toujours asservit aux article, ne peu adopté les ainversions grecques et latinnes, il oblije les mots à s'arrangé dans l'ordre naturel des idées.

Plusieurs personnes ont cru que la langue française s'était appauvrie depuis le temps d'Amiot et de Montaigne. En éfet, on trouve dans ses auteures plusieures exprétions qui ne son pas recevable, mais se son, pour la plupart, des termes familiés auxquels ont a substitué des équivalents. Elle s'est enrichie de quantitée de termes nobles et énerjiques; et, sans parlé ici de l'éloquense des chosses, elle a acquit l'éloquense des paroles. S'est dans le siècle de Louis XIV, comme on l'a dit, que cette éloquense a eu son plus grant écla, et que la langue a été fixée. Quelques changemants que le temps et le caprice lui prépare, les bons auteures des dix-septième et dix-huitième siècles serviront toujours de modèle.

EXERCICES SUR LES PARTICIPES.

Participes accompagnés du verbe être.

Ainsi nous voilà plus brouillé que jamais, au grand contentemant des rieurs, qui était déjà fort affligé de notre réconciliassion. Je ne doute pas que cela ne vous fasse beaucoup de peine; mais pour vous montré que se n'est pas de moi que la rupture es venu, c'es qu'en quelque lieu que vous soyez, je vous déclare, monsieur, que vous n'avez qu'à me mander ce que vous souhaité que je fasse pour parvenire à un accort, et je l'exécutterai ponctuellement.

En éfet, pour se qui est de ses écrits contre les ancien, beaucoup de mes ammis sont persuadé que je n'ai déjà que trop enployé de papié, dans mes réflexion sur Longin, à reffuter des ouvrages si pleins d'ignoranse, et si indignes d'être reffuté.

La tendre Pompilia, ivre d'amour maternel, venais plus souvent au temple pour remercier la déesse, qu'elle n'y étais venu pour en obtenire l'objet de ses vœux.

En rappelant Pompilia à la vie, je me féliciterai de l'avoir sauvée.

Hersilie a marquée son passage par la ruinne et la désolassion. Ses faible ennemi ont fui devant elle; Hersilie les a poursuivi le fer et la flamme à la main. Les épis, couché sur la terre, ont été broyée par les pied des cheveaux; les arbres sont coupé à hauteure d'homme, leurs branches dispersée; l'époux et l'épouse égorgées sont étandu l'un auprès de l'autre; leur bras sanglan et roidi sont resté entrelacé.

Les méchant sont assez puñi quant il sont reconnu pour telle.

Les graut sont entouré, salué, respecté; les petits entoure, salue, se prosterne, et tous sont content.

Plus les phénomène sont merveilleu, plus ils demande de précaussion pour être reçu.

Nous ne somme pas mieux flatté, mieux obéi, plus suivi, plus entouré, plus ménagé, plus caressé de personne pendant notre vie, que de ceux qui croyent gagné à notre mort, et qui la désirent.

Les lettre ont été inventé pour parler au yeux.

Ils avaient été condamné aux peines du Tartare, pour s'être laissé gouverner par des hommes méchents et artificieus.

Participes accompagnés du verbe avoir.

Guelfe avais ammené des guerrié qui ne creignait point d'affronté la mort sous ses ordre. Il n'étaient pas moins de cinq milles en partant, mais les combas précédent en avait diminués le nombre de près des deux tiers.

Les Allemant était suivi de cette nation blonde qui habitte entre la France, l'Allemagne, et la mer, dans un pays arrosée de la Meuse et du Rhin, gra en paturage et abondant en bestiaux. Les habittans industrieus s'y sont fait un renpart contre l'Océan, dont souvent ils ont éprouvée la furie, par le ravage de leur bien, et par la perte entière des viles et des province que ces flots ont englouti.

Romains ! s'écrie-t-il, vous m'avez vu triompher; mais s'était à Numa de triomphé à ma place; c'es à Numa que je dois ma victoir. Je lui done pour récompense celle que tant de rois ont vainnement demandé, celle que dédaigna tant de héros : ma fille.

Les Turcs vincu, les Persans défait, Antioche subjuguée, touts ces triomphes qui nous frappe par leur écla, ne son pas notre ouvrage : c'est à

Dieu seul qu'il en faut attribuer la gloire. Si nous abandonon la faim qu'il c'était proposé en nous acordant la victoire, j'ai peure que ces triomphes éclatant ne soit bientôt plus qu'un vain non. Ne perdon point si mal à propos le fruit de tant d'avantages que nous avons reçu du ciel ; continuons à nous conduir comme nous avonts faits jusqu'ici, et que la fin courone de si glorieu début, aujourd'hui que les passages son ouvert, et que la saison es favorable.

Je vous proteste donc que le temps es venus d'acomplire notre glorieu projet.

Il y avait déjà plus de cinq an que les Chrétien était passé dans l'Orient pour l'exécussion de leur glorieux dessin. Ils avaient prit Nice d'assaut; ils s'étaient rendus maîtres par intelligense de la puissante vile d'Antioche; et, après l'avoir deffendu contre les eforts d'une armée innombrable de Persan, ils s'étaient emparés de Tortose.

Soldats du Dieu vivant, qu'il a choisi pour être les restaurateure de son culte; vous qu'il a préservé jusqu'ici de touts les périls, et sur mer et dans les combats; vous, dont il s'est servi pour arboré ses étendard, et faire révérez son sain nom chez les nassions nombreuse que vous avez soumises, ce n'est point pour acquérire une gloir passagère en domptant des peuples barbare, que nous avon abandoné nos famille et notre patrie, et que nous nous sommes exposés sans crainte aux hasarts d'une guerre longue et difficile; nous n'avon pas prodigués notre san pour une prise de peu de valeure. Le but de notre entreprise a été de délivré la Cité sainte, et de brisé le jong indigne sous lequelle nos frères sont assujéties. Nous aurons acquits une faible gloire, mais sans avoir rien avancé pour l'exécussion de notre premier dessein. Que nous sert-il, en efet, d'avoir passé la mer avec de si grande force? Que nous sert d'avoir porté dans l'Asie le flambau de la guerre, si, contents d'avoir renversé des empire, nous négligeons de fonder celui dont l'établissement était notre principal objet?

Toute l'armée fut bientôt instruite du choix qu'avait faits les chefs. Godefroy se fit voir aux soldat; il leurs paru digne du rang supprême où il venait d'être élevé. Le nouveau générale reçu leur salut et leurs applaudissemants d'une air noble et tranquille; et, après les avoir remercié des marques utile qu'ils lui donnaient de leur zèle, il ordonat pour le lendemain une revue générale.

Ceux qu'on vit paraître les premiers furent des Français, au nombre de dix milles hommes, armé de pied en cap. Ils était venu de l'Ile de France, beau et spacieu pays, situé entre quatre rivière.

Hugues, frère de leur roi, les avaient commandé d'abord; après la mort de se prince, ils avaient mi à leurs tête Clotaire, capitaine d'un rare mérite.

Aussi oserai-je dir à mon avantage, que j'ai regardés avec des yeux stoïques le libelle difamatoir qu'on a publiés contre moi. Quelques calomnies dont on ait voulu me noircir, quelques faux bruits qu'on ait semées sur ma personne, j'ai pardoné sans peine ces petite vengeance au déplaisire d'un auteure irrité, qui se voyait attaqué par l'endroit le plus sensible d'un poète, je veux dir par ses ouvrages.

Quelques belles que soient vos victoire, je n'en saurait être content, puisqu'elles vous rendent d'autant plus nécessaire au pays où vous êtes, et qu'en avançant vos conquêtes, elles reculent votre retoure.

Mais j'avoue que la traduction que Votre Excellense a bien daigné faire de mon *Art poétique*, et des éloges dont elle la acompagné, m'ont doné un véritable orgueille. — On ny voit rien d'étrangé que votre nom, et il n'y a point en France d'homme de bon goût qui ne voulût les avoir faits (des vers). Je les ai montré à plusieurs de nos meilleurs écrivins; il n'y en a pas un qui n'en ait été extrêmement frappés, et qui ne m'ait fait comprandre que, s'il avais reçut de vous de pareil louange, il vous aurait déjà récrit des volumme de prose ou de vers.

En efet, notre dispute n'étais pas encore bien fini, que vous m'avez fait l'honneur d'envoyer vos ouvrages, et que j'ai eu soin qu'on vous porta les miens.

C'est ce que j'ai principalement afecté dans une nouvelle épître que j'ai fait à propos de toutes les critiques que l'on a imprimé contre ma dernière satire. J'y compte tout ce que j'ai fait depuis que je suis au monde; j'y rapporte mes deffaut, mon âge, mes inclinassions, mes mœurs; j'y dis de quel père et de quelle mère je suis né; j'y marque les degrés de ma fortune, comment j'ai été à la cour, comment j'en suis sorti, des incommodités qui me sont survenues, des ouvrages que j'ai fait. Ce sont de bien petites choses dites en assez peu de mots, puisque la pièce n'as pas plus de cent trente vers. Elle n'a pas encore vu le jour, et je ne l'ai pas même encore écrite; mais il me parais que tous ceux à qui je l'ai récité, en sont aussi frappés que d'aucune autre de mes ouvrages.

Je ne saurais, monsieur, assez vous témoigné ma reconnaissance de la bontée que vous avez de vouloir bien permettre qu'on me montra la lettre que vous avez écrit à M. Perrault sur ma dernière satire. Je n'ai jamais rien lu qui m'ait fait un si grand plaisir; et, quelques injure que se galant homme m'ait dite, je ne saurais plus lui en vouloir de mal, puisqu'elles m'ont attirées une si honorable apolojie. Jamais cause ne fut si bien deffendue que la mienne. Tout ma charmée, édifiée dans votre lettre; mais, ce qui m'y a touché davantage, c'est cette confianse si bien fondé avec laquel vous y déclarez que vous me croyez sincèrement votre ami.

On me dirat que Lucilius vivait dans une république où ces sortes de libertées peuve être permises. Certainement il faut que ceux qui parle de la sorte n'aient pas fort lus les anciens, et ne soient pas forts instruit des afaire de la cour d'Auguste. Horace ne se contentent pas d'appeler les jens par leur nom; il a si peur qu'on les méconnaissent, qu'il a soin de rapporté jusqu'à leur surnom, jusqu'au métié qu'ils faisait, jusqu'aux charges qu'ils avaient execé.

Les arts que les hommes ont inventé pour satisfaire à leurs besoins, tournent à leur gloire et à leurs délices.

Vous avez donnés des livres à Julie; elle ne les a pas lus.

La voilà cette princesse si aimé, si chéri! la voilà tel que la mort nous la fait.

Il semblait que la destinée, en me conduisans à la ville où l'illustre et malheureu Rousseau a fini ses jours, me ménageait une réconciliassion avec lui. L'espèce de maladi dont il était accablée m'a privé de cette consolation, que nous aurions tous deux également souhaités. L'amour de la paix l'eût emporté sur tous les sujets d'aigreure qu'on avait semés entre nous. Ses talens, ses malheurs, et ce que j'ai oui dire de son caractère, ont banni de mon cœur tout ressentiment, et n'ont laissés mes yeux ouverts qu'à son mérite.

Je m'imagine que le public me fais la justice de croire que je n'aurais pas beaucoup de peine à répondre aux livre qu'on a publié contre moi.

Voici une édission de mes ouvrages beaucoup plus exacte que les précédente, qui ont toutes été assez peu correcte. J'y joins cinq épître nouvelles que j'avais composé long-temps avant que d'être engagé dans le glorieu emploi qui m'a tiré du métié de la poésie.

J'ai laissé ici la même préface qui était dans les deux éditions précédentes, à cause de la justice que j'y rends à beaucoup d'auteurs que j'ai attaqué. Je croyais avoir assez fait connaître, par cette démarche ou personne ne m'obligeait, que ce n'es point une esprit de malignité qui m'a fait écrire contre ces auteures, et que j'ai été plus sincère à leur égard que médisant. M. Perrault n'en a pas jugé de la sorte. Ce galant homme, au bout de vingt cinq ans qu'il y a que mes satyres sont imprimés pour la première fois, es venu tout à coup, et dans le temps qu'il ce disait de mes amis, reveiller des querelles entièrement oubliés, et me faire sur mes ouvrages un procès que mes ennemi ne me faisaient plus : il a compté pour rien les bonnes raisons que j'ai mis en rimes pour montrer qu'il n'y a pas de médisance à se moquer de méchants écrits.

Un autre célèbre Jésuite m'a apportée une traduction latine qu'il a aussi fait de mon ode, et cette traduction m'a parue si belle, que je n'ai pu résisté à la tentation d'en enrichire encore mon livre.

M. Arnaud, un peu avant de mourir, a fait, contre cette prefface, une dissertation, qui est inprimmé : je ne sais si on vous l'a envoyé.

Participes des verbes pronominaux.

Puisque le public a été instruit de notre démêlé, il est bon de lui apprendre aussi notre réconciliassion, et de ne lui pas laissé ignorer qu'il en a été de notre querelle sur le Parnasse, comme de ces duels d'autrefois, que la prudence du roi a si sagement réprimé; ou, après s'être battu à outrance, et s'être quelquefois cruellement blessé l'un et l'autre, on s'embrassait, et on devenait sincèrement ami.

Ces réflexions, que j'ai conposée à l'occasion des Dialogues de M. Perrault, se sont multipliés sous ma main beaucoup plus que je ne croyais, et sont cause que j'ai divisés mon livre en deux volumes.

Nous nous sommes écarté de la routte que nous avions commencé à suivre.

Les mauvaises nouvelles se sont toujours répendus plus promptement que les bonnes.

Bien des gens se sont poli et enrichi insensiblement par la lecture des savans.

Les hommes haisse souvent ceux qui les ont obligé, et cessent de haïr ceux qui leurs ont fait outrage.

La nature a toujours portée les homme vers ce qui leurs a plus, et les a éloigné de ce qui leur a nuis.

Nous ne devons point passé de jour sans donné quelque temps à la science que nous nous sommes proposés d'étudier.

Les Amazones se sont rendu célèbres dans la guerre par leur courage.

Nous nous sommes amusés à voir les curiosités de cette ville.

Et l'un et l'autre camp les voyant retirés,
Ont quittés le comba et se sont séparés.

Il est vrai que des dieux le courroux enbrasé,
Pour nous faire périre semblent s'être épuisés.

Il le voit, il l'attent, et son âme irrité,
Pour quelque grand dessein semble s'être arrêté.

A ce discours, ces héros irrités,
L'un sur l'autre à la fois se sont précipité.
Nous nous sommes en foulle opposer à leur rage.

Mais que vos yeux sur moi se sont bien exercé !
Qu'il m'ont vendus bien chers les pleurs qu'il ont versé!
Racine.

Dis-leur que dans son sang cette main s'est plongé;
Dis que je l'adorais, et que je l'ai venge *Voltaire.*

Mes ans se sont accru. Mes honneurs sont détruit.

Exercices sur toutes les difficultés que peuvent offrir les Participes.

Mais le prudent Romulus avais prévue cet orage. Instruit que, malgré sa deffense, Numa renplirait ses sermens; excité par la cruelle Hersilie, voulant venger à la fois sa fille et son autoritée méprisé, le roi de Rome avait fait mêler un poison trop sûr dans le peu de nourriture qu'avait pris la fille de Tatius.

Mes recherche ont été vaine, lui répondit Léon après un tendre embrassement. J'ai parcourus tout le midi de l'Italie, je n'ai pu découvrir les traces de Zoroastre ni d'Anaïs; mais j'ai appri le danger qui te menace. J'ai vu les peuples se remuer pour venir t'assiéger dans Rome, et j'ai volé à ton secours. L'espoire de te faire des alliés m'a donnée la hardiesse de me présenter ches se peuple.

A peine ai-je dit ces paroles, que toute l'assemblée c'est écriée : Marchons au secours de Numa, et que Léo nous commandent.

J'aurais bien voulu pouvoir adoucire, en cette nouvelle édission, quelque railleries un peu fortes qui me sont échappé dans mes réflexions sur Longin; mais il m'a paru que cela serait inutile, à cause des deux édissions qui l'ont précédé, auxquelles on ne manquerais pas de recourir.

Mais, pour en revenir au récit de ma pièce, croiriez-vous, monsieur, que la chose est arrivée comme je l'avais prophétisée, et qu'à la réserve de deux petits scrupules, qu'il vous a dits et qu'il vous a repétés qui lui étaient venu au sujet de ma hardiesse à traiter en vers une matière si délicate, il n'a fait d'ailleurs que s'écrier : Cela est vrai; et il a été surtout extrêmement frappé de ces vers que vous lui aviez passé, et que je lui ai récité avec toute l'énergie dont j'étais capable.

Quelle est donc la raison qui vous a pus inspirer pour moi en cette rencontre? Je commence à l'entrevoir; et j'ose me flatter que je ne vous ferai pas souffrir en la publiant. La bonté qu'a eu le plus grand prince du monde, en voulant bien que je m'employasse, avec un de vos plus illustres écrivains, à ramasser en un corps le nombre infini de ses actions immortelles; cette permission, dis-je, qu'il m'a donnée, m'a tenue lieu auprès de vous des qualités qui me manque : elle vous a entièrement déterminé en ma faveur.

C'est ainsi que toute la cour et toute la ville en ont jugé, et jamais ouvrage n'a été mieux réfutées que la préface du dévot. Tout le monde voudrait qu'il fut en vie, pour voir ce qu'il dirait en se voyant si bien foudroyé. Cette dissertation est le pénultième ouvrage de M. Arnauld, et j'ai l'honneur que s'est par mes louanges que ce grand personnage a finies, puisque la lettre qu'il a écrite à M. Perrault est son dernier écrit. Vous savez sans doute que c'est cette lettre qui me fait un si grand honneur, et M. Le Verrier en a une copie qu'il pourra vous faire tenire quand vous voudrez, supposé qu'il ne vous l'ait pas déjà envoyé.

Voilà toute l'histoire de la bagatelle que je donne

au public. J'aurait bien voulu la lui donner achevé ; mais des raisons très-secrètes, et dont le lecteur trouvera bon que je ne l'instruise pas, m'en ont empêchés. Je ne me serais pas tant pressé de le donner imparfai, comme il es, si ce n'eût été les malheureux fragmens qui en ont courus. J'en avais ainsi usé par pure modestie ; mais aujourd'hui que mes ouvrages sont entre les mains de tout le monde, il m'a paru que cette modestie pourrait avoir quelque chose d'affecté.

Enfin vous devez attandre qu'ils ne seront pas moins choqué du peu de cas que vous faites de leur jugement, lorsque vous prétendez que M. Despréaux a si peu réussi quand il a voulu traiter des sujets d'un autre jenre que ceux de la satyre, qu'il pourrait y avoir de la malice à lui conseiller de travailler à d'autres ouvrages.

Il y a d'autres choses dans votre préface que je voudrais que vous n'eussiez point écrit ; mais celles-là suffise pour m'acquitter de la promesse que je vous ai fait d'abord de vous parler avec la sincérité d'un ami chrétien, qui est sensiblement touché de voir cette division entre deux personne qui font toutes deux proffession de s'aimer.

Monsieur, cette comparaison est bonne ; mais elle n'est pas de vous, car je l'ai entandue faire à notre curé.

Quelques efforts que l'on eût fait pour défigurer mon héros, il n'a pas plutôt paru devant elle, qu'elle la reconnue pour Alexandre.

Et je doute que les larmes d'Andromaque eussent faits sur l'esprit de mes spectateurs l'impression qu'elles y ont faites, si elles avait coulés pour un autre fils que celui qu'elle avait d'Hector.

Ceux-mêmes qui s'y étaient le plus diverti, eurent peur de n'avoir pas ris dans les règles, et trouverent mauvais que je n'eusse pas songé plus sérieusement à les faire rirent.

Pénélope ne voyant revenir ni lui ni moi, n'aura pue résister à tant de prétendant; son père l'aura contraint d'accepter un nouvel époux.

Baléazar est aimé des peuples; en possédant les cœurs, il possède plus de trésors que son père n'en avait amassés par son avarice cruelle.

Belle leçon pour les gens chiches !
Pendant ces derniers temps, combien en a-t-on vu
Qui, du soir au matin, sont pauvres devenus,
Pour vouloir trop tôt être riche!

Je ne crois pas que j'eusse besoin de cet exemple d'Euripide, pour justifier le peu de liberté que j'ai pris.

Cette maison n'est pas aussi belle que je l'avais imaginé.

Je lui ai fait tous les cadeaux que j'ai pu.

Les serpens paraissent privés de tout moyen de se mouvoir, et uniquement destiné à vivre sur la place où le hasard les a fait naître.

J'en ai trouvé (des enfans) dont les yeux était inégau, au point de ne pouvoir distinguer à quatre pieds.

Combien d'ennemis n'a-t-il pas vaincus!

Combien de victimes on a immolés!

Ces écoliers se sont plus à me tourmenter.

Je vous remercie des démarches que vous avez eu la bonté de faire.

Cent fois je me suis fait une douceur extrême
D'entretenir Titus dans un autre lui-même.

J'estime, après tout, que ce sont des fautes dont ils ne se sont pas souciés.

Les chaleurs qu'il a fait cette année ont occasionné beaucoup de maladies.

La disette qu'il y a eu cette année n'a pas peu contribuée à augmenter le nombre des malheureux.

FIN.

TABLE.

Pag.

DEUXIÈME PARTIE.

FIN DE LA TABLE.

www.ingramcontent.com/pod-product-compliance
Ingram Content Group UK Ltd.
Pitfield, Milton Keynes, MK11 3LW, UK
UKHW021053230726
13926UKWH00004B/1815

9 782019 146764